CLV

Joachim Rosenthal

Kwasizabantu

Erlo Stegen und die Erweckung unter den Zulus

clv
Christliche
Literatur-Verbreitung e.V.
Postfach 11 01 35 · 33661 Bielefeld

1. Auflage 2000

by CLV - Christliche Literatur-Verbreitung
Postfach 110135 - 33661 Bielefeld
Umschlag: Gerhard Thiessen, Bielefeld
Satz: CLV
Druck und Bindung: Ebner Ulm

ISBN 3-89397-456-3

Inhalt

Vorwort

Dieses Buch orientiert sich an dem biblischen Aufruf aus 1. Johannes 4,1:

> *Geliebte, glaubet nicht jedem Geiste, sondern prüfet die Geister, ob sie aus Gott sind; denn viele falsche Propheten sind in die Welt ausgegangen.*

Alle diese Prüfungen bedingen eine Beurteilung, ob die Geister, die in unserer heutigen Christenheit wirken, auch wirklich aus Gott sind. Da die Verführungen in unserer Zeit immer massiver und raffinierter werden, bedarf es in vielen Fällen einer langfristigen und intensiven Prüfung. Hierbei geht es nicht um Kritikfreudigkeit oder Diffamierung, sondern um Nüchternheit und Wachsamkeit. Wir müssen die Geister prüfen, um Täuschungen zu durchschauen und andere zu warnen. Diese Aufgabe ist ein biblisches Grundanliegen und wird auch in vielen Briefen des Paulus deutlich.

Den Korinthern schrieb Paulus:

> *Ich fürchte aber, dass, wie die Schlange Eva verführte mit ihrer List, so auch eure Gedanken abgewendet werden von der Einfalt und Lauterkeit gegenüber Christus. Denn wenn einer zu euch kommt und einen anderen Jesus predigt, den wir nicht gepredigt haben, oder ihr einen anderen Geist empfangt, den ihr nicht empfangen habt, oder ein anderes Evangelium, das ihr nicht angenommen habt, so ertragt ihr das recht gern!* (2. Kor. 11,3-4).

Ähnlich war es bei den Galatern:

> *Mich wundert, dass ihr euch so bald abwenden lasst von dem,*

> *der euch berufen hat in die Gnade Christi, zu einem andern Evangelium, obwohl es doch kein anderes gibt; nur dass einige da sind, die euch verwirren und wollen das Evangelium Christi verkehren* (Gal. 1,6-7).

An die Epheser richtete Paulus den Aufruf:

> *Habt nicht Gemeinschaft mit den unfruchtbaren Werken der Finsternis; deckt sie vielmehr auf* (Eph. 5,11).

Die Werke der Finsternis bestanden schon in den ersten Gemeinden nicht etwa nur in offensichtlicher Unmoral, sondern vorwiegend in scheinchristlicher Lehre und Praxis. Die Verkündigung eines anderen als des biblischen Evangeliums ist geistliche Brunnenvergiftung. Irrlehrer in der Christenheit stehen unter dem göttlichen Urteil eines doppelten Fluches. Dies sollte uns den ganzen Ernst falscher Lehre offenbaren:

> *Aber auch wenn wir oder ein Engel vom Himmel euch ein Evangelium predigen würden, das anders ist, als wir es euch gepredigt haben, der sei verflucht. Wie wir eben gesagt haben, so sage ich abermals: Wenn jemand euch ein Evangelium predigt, anders als ihr es empfangen habt, der sei verflucht* (Gal. 1,8-9).

Verführung und fehlende oder falsche Information gehen meistens Hand in Hand. Viele Christen sind verführt, weil sie es nicht für nötig hielten, sich gut zu informieren und die Geister zu prüfen.

Mit diesem Buch erhält der Leser eine Hilfe zur Beurteilung. Es wurden Informationsquellen von Insidern und Beobachtern verarbeitet. Mögen besonders diejenigen, die mit der Kwasizabantu-Bewegung in Kontakt stehen, diese Informationen prüfen und zu einem aufrichtigen und verantwortungsvollen Ergebnis vor Gott finden.

Was ist die Kwasizabantu-Bewegung (KSB) und wie begann sie?

Die Kwasizabantu-Bewegung (KSB) hat ihren Ursprung in Südafrika und wurde in den 60er Jahren durch den Südafrikaner Erlo Stegen unter den Zulus ausgelöst. Stegen wurde 1935 in Südafrika geboren und wuchs in der Nähe von Pietermaritzburg auf einer Farm auf. Seine Vorväter kamen aus der Gegend der Lüneburger Heide und waren streng lutherisch. Sie hielten sich an die Hermannsburger Mission, durch die auch die Gemeinde Lilienthal, etwa 55 km von Pietermaritzburg entfernt, entstand. Während seiner 9-jährigen Schulzeit ging er zur Hermannsburger Schule. Mit 15 Jahren fand Stegen zum Glauben und erhielt mit 17 eine zweijährige Bibelschulausbildung an der Bibelschule in Pretoria. Die Jahre 1954 bis 1966 umfassten den ersten Abschnitt seiner missionarischen Tätigkeit, bei der er auch ein Evangelisationszelt einsetzte. Stegen war aber mit den Erfolgen sehr unzufrieden. Er wollte mehr und versuchte mit ganzer Kraft eine Erweckung auszulösen. Dr. Kurt E. Koch, der durch seine Bücher besonders im deutschsprachigen Raum zum Wegbereiter von Erlo Stegen wurde, schrieb hierzu: “Immer war er von dem Sehnen nach einer Erweckung umgetrieben. Er dehnte die Zeltevangelisationen auf zehn, zwölf, ja sogar vierzehn Monate aus in der Meinung, dass er damit einen geistlichen Aufbruch erzwingen könnte.”[1]

Die Meinung, im Reiche Gottes etwas erzwingen zu können, ist Kerngedanke von Stegen und der KSB. Der Erfolg schien Stegen in seiner Haltung zunächst Recht zu geben. Ende 1966 bis Anfang 1967 begann eine Zeit, die von der KSB als die Zeit der Erweckung unter den Zulus angesehen wird. Koch bemerkte dazu: “In der Weihnachtszeit 1966 begann die große Segenszeit von Erlos Mission. Dies alles ist in dem Buch ‘Gott unter den Zulus‘ beschrieben.”[2]

1970 wurde unter der Führung von Erlo Stegen in der Gegend von Kranskop eine Missionsstation gegründet mit dem Namen "Kwasizabantu". Dieser Name entstammt der Zulu-Sprache und heißt übersetzt: der Ort, wo Menschen geholfen wird.

Auf Bildern werden oft mehrere Personen als Leitungskreis dargestellt. Die KSB steht allerdings unter der uneingeschränkten Herrschaft von Erlo und seinem Bruder Friedel Stegen. Kritik an den Stegens wird als teuflischer Angriff verstanden und nicht selten mit Strafmaßnahmen oder Exkommunizierungen geahndet.

Die südafrikanische Kwasizabantu-Mission arbeitet überkonfessionell und beschäftigt über 100 vollzeitliche Mitarbeiter. Zum engeren Kreis der KSB werden weitere 140 Außenstationen gezählt. Im Laufe der Jahre wurde die Missionsstation zu einem großen Begegnungszentrum ausgebaut, wo Menschen aus aller Welt zusammenkommen. Am 9.12.1990 wurde eine Verkündigungshalle eingeweiht, in der ca. 10.000 Menschen Platz finden. Bärbel Koch, ehemalige Sekretärin Dr. Kochs, die während einer über 10jährigen Affäre mit Koch zwei Töchter von ihm bekam und nach Kochs Scheidung 1974 dessen zweite Frau wurde, schrieb 1987: "Zu den täglichen Gottesdiensten versammeln sich Hunderte, oft Tausende. In Spitzenzeiten kann die Zahl auf 7.000 bis 8.000 ansteigen. Seit langem kommen die Besucher nicht nur aus dem eigenen Land, sondern von den verschiedensten Kontinenten."[3]

Nach eigenen Angaben werden zweimal im Jahr einwöchige Freizeiten mit ca. 5.000 Jugendlichen durchgeführt. Täglich nehmen ca. 1.200 Personen an den Mahlzeiten teil. Die Versorgung der Missionsstation wird weitgehend durch eigene landwirtschaftliche Betriebe vorgenommen. In einer eigenen Rundfunkstation werden Radiosendungen produziert und ausgestrahlt. Weiterhin befinden sich Ausbildungsplätze, eine Krankenstation und eine Schule auf dem Missionsgelände.

Die Krankenstation besteht hauptsächlich aus jeweils einem Krankensaal für Frauen und Männer. Das Pflegepersonal hat so gut wie keine medizinische Ausbildung. Hilfeleistung im medizinischen Sinne ist in der Krankenstation auch nicht das Ziel. Hier geht es hauptsächlich um Geistheilungen von kranken Menschen mit dämonischen Belastungen. Besuchern wird eindrucksvoll von den "Heilungen" berichtet. Eine Besucherin schrieb dem Verfasser hierzu Folgendes: "Bei diesen Führungen singt dann ein kleiner Chor und zumindest eine Frau gibt dann Zeugnis von ihrer Heilung. In meinem Fall wurde ein Glas mit Nägeln oder Stecknadeln gezeigt, die der Betreffenden im Laufe der Befreiung aus den Gliedmaßen herauswuchsen."[4]

Die "Domino Servite School" (Dienet dem Herrn-Schule) wurde 1986 gegründet und führt Schulklassen von der Grundschule bis zur Oberschule. Es werden Kinder verschiedener Nationen unterrichtet, darunter Schwarze, Weiße, Inder und Mischlinge. Seit 1986 ist die Schülerzahl von 150 auf 450 angestiegen.[5] Die südafrikanische Domino Servite School kam Anfang 2000 aufgrund der äußerst brutalen und menschenverachtenden Behandlung der Schulkinder in die Schlagzeilen der südafrikanischen Presse.

Zur KSB zählen weltweit 40.000 Anhänger. In Deutschland versammeln sich ca. 1.000 Mitglieder in mehreren KSB-Gemeinden und in der Schweiz ca. 600. Hinzu kommt ein großer Freundeskreis, der quer durch alle Gemeinden geht.

Eine Organisation, die der KSB sehr nahe steht und mit ihr eng zusammenarbeitet, ist die Vereinigung "Christian For Truth" (CFT, Christen für die Wahrheit). CFT ist eine internationale Organisation von Christen in Afrika, Australien, USA und Europa. Die CFT ging 1990 aus einer Versammlung in Südafrika hervor und kann als geistiges Kind der KSB betrachtet werden. Nach Informationen von Insidern wurde die CFT aufgrund der Vision einer Zulufrau initiiert. Sie gehört zum engen Mitarbeiterkreis Erlo Stegens. Der europäische Zweig wurde 1992 in Basel gegründet. Die Zahl der Anhänger wird auf ca. 100.000 geschätzt. Sie gehören den großen christlichen Kirchen sowie verschiedenen Freikirchen an.[6] Die leitenden Personen der CFT sind allerdings fast ausnahmslos überzeugte KSBler.

Welches Verständnis hat Erlo Stegen von Erweckung?

Erlo Stegen vertritt die Auffassung, dass Pfingsten kein einmaliges heilsgeschichtliches Ereignis gewesen sei, sondern dass es sich auch heute noch wiederholen kann. Seine ganze Konzentration lag daher darauf, unter den Zulus eine Erweckung wie zu Pfingsten auszulösen. Stegen hat sich nie mit einer "einfachen" Erweckung zufriedengegeben, sondern er wollte eine Erweckung wie zur Zeit der Apostel mit Zeichen und Wundern. Hierzu entwickelte er eine spitzfindige Theologie. In seinem Buch "Erweckung unter den Zulus" formulierte er diese wie folgt: "Damals sagten die Menschen: Diese Leute sind betrunken. Andere spotteten oder entsetzten sich. Petrus antwortete ihnen daraufhin: Ihr Männer, diese Menschen sind nicht trunken wie ihr meint, zumal es noch früh am Morgen ist. Sondern das ist so, wie durch den Propheten Joel zuvor gesagt wurde: 'Und es soll geschehen in den letzten Tagen, dass Gott seinen Geist auf alles Fleisch ausgießen wird. Unsere Söhne und Töchter sollen weissagen, unsere Jünglinge sollen Gesichte sehen, und unsere Ältesten sollen Träume haben.' Als wir das lasen, sagten wir: 'Aber wir sind den letzten Tagen näher als die Menschen vor 2000 Jahren. Wenn diese Verheißung für sie galt, wie viel mehr gilt sie uns heutzutage.' Es bedarf keiner großen Erkenntnis, um herauszufinden, dass wir im gleichen Zeitabschnitt leben wie die Urgemeinde und wir erst am Ende dieser Epoche angelangt sind, wenn der Herr Jesus wiederkommt, um seine Braut zu holen. Geistlich gesprochen heißt das, dass wir in derselben Woche leben. Gottes Wort sagt uns: Vor Gott sind tausend Jahre wie ein Tag und ein Tag wie tausend Jahre. So sind zweitausend Jahre wie vorgestern, und wir haben nicht einmal die Hälfte der Woche erreicht. Zweifellos gilt uns dasselbe wie der Urgemeinde damals … Die Wassertaufe verändert die Zunge nicht. Sie mag bewirken, was immer die Menschen darunter verstehen, aber ist es nicht so, dass die getauften Kinder oder die getauften Erwachsenen Dinge reden, die nie über die Lippen eines Christen kommen sollten? Die Feuertaufe mit dem Heiligen Geist, von der die Apostelgeschichte spricht, bedeutet mehr."[7]

Erlo Stegen berichtete weiter, wie sehr er und seine Mitarbeiter sich mit Pfingsten beschäftigten und eine Erweckung wie zur Zeit der Apostel herbeisehnten: "Wenn ich von Erweckung spreche, meine ich keine Erweckungsversammlungen, sondern dass Gott den Himmel zerreißt, mitten unter uns ist und jeder Einzelne sich der Gegenwart des lebendigen Gottes bewusst ist. Wir beteten ernstlich um Erweckung. Obwohl wir täglich zweimal versammelt waren, wurden wir so tief geführt, dass das Bibelstudium in den Hintergrund trat und wir wirklich einen inneren Zerbruch erlebten."[8]

Hier wird der Leser von Stegens Buch fast unmerklich zu einer Theologie der Erfahrung geführt. Die Sichtweise Stegens über Erweckung brachte ihn und seine Anhänger dazu, den Menschen und seine Erfahrungen in den Mittelpunkt zu stellen – eine verhängnisvolle Akzentverschiebung, die bereits in der Heiligungsbewegung des 19. Jahrhunderts deutlich sichtbar wurde und sich über die Pfingstbewegung und die nachfolgenden charismatischen Strömungen ins gegenwärtige Zeitalter der Esoterik fortsetzte.

Am Anfang von Stegens Erfahrungstheologie steht die Selbsterfahrung. Die erste wichtige Selbsterfahrung nennt er "Zerbruch". In der Folge ging Stegen dazu über, Zerbruch zu predigen. Es gibt Zerbruch im biblischen Sinne. Bei Stegen ist Zerbruch allerdings nicht das Hoheitsgebiet Gottes, sondern eine Angelegenheit des Menschen. Der Zweck (die Erweckung) heiligt deshalb die Mittel (Zerbruch herbeiführen im Sinne einer Methode). Diese Methode spielt eine zentrale Rolle in der ganzen KSB. In Veranstaltungen, die Stegen auch hier in

Deutschland durchführt, lässt sich diese Methode unschwer erkennen: Überlaute Stimme bis hin zum Brüllen, massiver seelischer Druck durch Überbetonung der Sünde bei gleichzeitig fehlender Lehre von der Rechtfertigung und Erlösung durch den Glauben an Jesus Christus, Erzeugung des Gefühls: Sündlosigkeit, Erweckung und Geistesfülle finde ich nur bei Erlo Stegen und der KSB.

Diese Methode ist dem Wesen nach Manipulation. Über seine in den 60er Jahren entdeckte Manipulationstechnik berichtet er wie folgt: "Ich erinnere mich an einen Tag, als ich unsere kleine Gemeinde fragte: 'Wer von euch glaubt an Jesus Christus?' Ich tat dann etwas, was ich normalerweise vermeide, und sagte: 'Diejenigen, die an Jesus glauben, möchten einmal die Hände heben.' Natürlich war da nicht ein Einziger, der nicht die Hand erhob. Daraufhin antwortete ich: 'Schaut einmal her. Jesus sagt, wenn wir glauben, wie die Schrift es sagt, dann werden Ströme lebendigen Wassers aus unserem Leben fließen. Lasst mich eine persönliche Frage stellen: Ist das so bei uns?' – 'Nein!' erwiderten sie. 'Soll das heißen, dass ihr nicht an Jesus glaubt?' – 'Aber wir sind uns ganz sicher, dass wir an ihn glauben. Wir haben doch Jesus angenommen und ihm unser Leben übergeben! Da gibt es keinen Zweifel' – 'Gut, wenn das so ist, dann erliegen wir entweder einer Täuschung, oder es stimmt nicht, was Jesus sagt.'"[9]

Diese Form der Manipulation bzw. Suggestion finden wir z.B. in der ganzen Geschichte der Pfingstbewegung und Charismatischen Bewegung. Es ist die Strategie des Wünscheweckens, wie sie auch in der modernen Werbepsychologie eingesetzt wird. Der Grundtenor lautet immer wieder: "Euch fehlt etwas! Ihr seid noch keine richtig gesegneten und geisterfüllten Christen! Ihr braucht mehr! Wir können es euch vermitteln!" Dies ist dem Wesen nach nicht das Wirken des Heiligen Geistes, weil der Heilige Geist die Segnungen in Verbindung bringt mit Jesus Christus und dem Wort Gottes. Der Heilige Geist führt immer zu Jesus Christus und niemals zu dubiosen Segensvermittlern hin. Jedes Kind Gottes hat den hundertprozentigen Segen Gottes durch den Glauben an Jesus Christus empfangen. In Epheser 1,3 heißt es:

Gelobt sei Gott, der Vater unseres Herrn Jesus Christus, der uns gesegnet hat mit allem geistlichen Segen im Himmel durch Christus.

In der Praxis stellt sich Stegens Methode des Wünscheweckens als eine gefährliche Verführung mit zerstörerischen Tendenzen im Namen des Christentums dar. Das versprochene Plus an geistlichem Segen offenbart sich nach vielen Jahren oft als ein tiefrotes Minus. Die Folge ist, dass die Verführten die aufgenommenen Hypotheken mit einem schweren geistlichen Schaden abtragen müssen. Enttäuschung, Verletzung, Verbitterung und kaputte Beziehungen sind für manche die Endstation.

Erlo Stegen war anfänglich ein Gegner der Pfingstler, änderte dann aber seine Haltung ihnen gegenüber aufgrund seiner neuen Erfahrungstheologie. Er schrieb dazu: "Bevor die Erweckung bei uns ausbrach, mochte ich die Pfingstler nicht so gern. Ich hatte sie öffentlich oft herausgefordert. Wir müssen sehr vorsichtig sein in dem, was wir sagen, und was wir tun."[10]

Stegen weiß um den unmoralischen Lebenswandel und den damit verbundenen schlechten Ruf vieler Pfingstler (er beschreibt dies in seinem Buch "Erweckung unter den Zulus"). In der Öffentlichkeit stellt er sich deshalb gerne als Anti-Pfingstler dar. Die KSB gibt sich betont anticharismatisch und nüchtern. Nach außen können die typischen Erkennungszeichen der Pfingstbewegung fast nicht erkannt werden. Zungenreden, Dämonenaustreibungen und Heilungen werden nicht in der breiten Öffentlichkeit praktiziert. Auch die "Geistestaufe" wird anders erlebt. Sie ist bei vielen KSBlern verbunden mit dem Besuch in Kwasizabantu. Erst durch die Begegnung mit der Mission in Südafrika wird nach der Überzeugung der KSBler ein Christ besonders reich gesegnet. Das ist der Hauptgrund für die Pilgerströme nach Südafrika. Die geistliche Überzeugung der KSBler steht und fällt mit der Mission in Südafrika. Eine Trennung der KSB-Gemeinden und weltweiten KSB-Anhänger von der Mission in Südafrika würde eine geistliche Krise auslösen und das ganze System zusammenstürzen lassen.

Die KSB ist eine Sonderform der Pfingstbewegung. Ihre Wesensverwandtschaft mit der klassischen Pfingstbewegung ist jedoch erst bei näherer Betrachtung zu erkennen. Stegen selbst beschrieb die "Erweckung", die 1966/1967 in Mapumulo stattfand, als ein Pfingsterlebnis: "Es kam der Tag, an dem Gott gewissermaßen den Himmel zeriss und herniederfuhr, als wir uns versammelt hatten. Plötzlich hörten wir das Geräusch eines großen Windes. Ich kann es nur andeutungsweise schildern, was geschah, und versuchen, dies an einem kleinen Beispiel klarzumachen. Es war ähnlich wie bei einer Luftpumpe, aus der die unter Druck gesetzte Luft entweicht. Natürlich ist das noch ein anderer Vorgang. Es war, als ob dieser Wind einen jeden von uns durchwehte. Der Geist Gottes kam herab, und keiner hatte dem andern zu erklären: 'Sieh, Gott ist in unserer Mitte.' Ein jeder war sich der Gegenwart Gottes bewusst, ohne ein Wort zu sagen."[11] "Als die Scharen kamen und Gott an Geist, Seele und Leib wirkte, wiederholte sich das, was uns die Apostelgeschichte berichtet. Es geschahen Zeichen und Wunder."[12]

Dies ist die klassische Botschaft der Pfingstbewegung. Pfingsten ist aus ihrer Sicht kein einmaliges heilsgeschichtliches Ereignis, sondern wiederholte sich immer wieder. 1900 Jahre Gemeinde Jesu, in denen diese Pfingsterlebnisse nicht stattfanden, waren nur ein Irrtum und Unfall. Am Anfang des 20. Jahrhunderts sollte sich dann Pfingsten wieder fortsetzen.

An dieser Stelle soll ein kurzer geschichtlicher Rückblick daran erinnern, wie die Pfingstbewegung entstand.

Der Pfingstbewegung ging die Heiligungsbewegung des 19. Jahrhunderts voraus. Zu der Heiligungsbewegung zählen maßgeblich Männer wie Wesley, Finney, Smith, Moody und Torrey. Die Heiligungsbewegung war durchdrungen von dem Wunsch, heilig und ohne Sünde zu leben. Es gab viele Erweckungen und Bekehrungen. Aufrichtige Christen versuchten in guter Weise, in der Heiligung zu leben. Aber nach und nach verstärkte sich die Tendenz, die Erfahrungen und Erlebnisse ins Zentrum der Heiligung zu stellen. Es fand eine fast unmerkliche, aber entscheidende Weichenstellung statt. Der Blick wandte sich weg von Christus und hin zu dem Gläubigen und seinen Gefühlen, Erlebnissen und Erfahrungen. Durch Sündenpredigten und vieles Beichten wurde an einem sündlosen und perfekten Leben gefeilt. Die Sehnsucht nach einem sündlosen Leben wurde so groß, dass die Spannung zwischen der sündigen Natur und dem Anspruch eines sündlosen Lebens unerträglich wurde. Dass hier einige wichtige Dinge über Sünde und Sündlosigkeit von der Bibel her nicht richtig verstanden wurden, erkannten viele Christen offensichtlich nicht. Schließlich fand man als Lösung dieses Problems ein Erlebnis, das man "Geistestaufe" nannte. Durch sie sollte nun endlich der sündlose Zustand erreicht werden. Um einen Beweis der Sündlosigkeit und völligen Geistesfülle zu liefern, wurden Zungenreden, Zeichen und Wunder erforderlich. Der Farbige W. J. Seymour, der als einer der Väter der Pfingstbewegung betrachtet wird, strebte in einer geradezu verblüffenden Ähnlichkeit zu Erlo Stegen ein zweites Pfingsten an, allerdings bereits 60 Jahre vorher. Wolfgang Bühne schreibt dazu: "Seymour, der zu diesem Zeitpunkt selbst nicht in Zungen redete, sprach in Los Angeles über Apostelgeschichte 2,4 und äußerte: 'Wer nicht in Zungen redet, ist nicht geistgetauft!' Auch er habe sein Pfingsten noch nicht erlebt, strebe es aber an und wünsche, dass alle Heiligen mit ihm beteten, bis sie alle ihr Pfingsten erleben würden.

Am 9. April 1906 war es dann so weit: Nach langem Beten und Fasten 'fiel das Feuer', und viele, meist Mitglieder der 'Kirche des Nazareners' und anderer Heiligungsgruppen, erlebten ihre 'Geistestaufe.'"[13]

In der Kirchengeschichte begann nun ein Teil der Christenheit nach 1900 Jahren unter der Einwirkung einer okkulten Geistesmacht mit vermeintlich biblischem Zungenreden, mit spektakulären Heilungen, Zeichen und Wundern. Das war die Geburtsstunde der Pfingstbewegung. Nur wenige erkannten damals, dass diese Bewegung einen Lügencharakter trug und in eine falsche Richtung marschierte. 1909 kam der Anstoß zu einer öffentlichen Stellungnahme durch General von Viebahn während eines Gespräches mit Walter Michaelis. Von Viebahn sagte zu Michaelis: "Können wir eigentlich zusehen, wie Brüder in immer weiterem Umfange sich in die Zungenbewegung hineinziehen lassen?[14] Am 15.09.1909 trafen sich dann 60 Brüder zu einer 19stündigen Beratung in Berlin. In der Erklärung, die sie verfassten, warnten sie die deutsche Christenheit vor der Pfingstbewegung als einer Bewegung, die einen Lügencharakter trägt und durch einen satanischen Geist hervorgerufen wurde. Die Berliner Erklärung brachte viel Klarheit in eine total verunsicherte Christenheit.

Die Tragik der Heiligungsbewegung ist, dass sie die Pfingstbewegung hervorbrachte und in völliger Unnüchternheit, schlimmen Entgleisungen, starken Zersplitterungen und dämonischen Verstrickungen endete. Doch dies war nur der Auftakt für eine der größten Bedrohungen unserer heutigen Christenheit. Nach einer fast 50-jährigen Phase der Ernüchterung fand die Pfingstbewegung Anfang der 60er Jahre in der Charismatischen Bewegung ihre Neubelebung und Fortsetzung. Die 60er Jahre sind stark geprägt von einer globalen geistesgeschichtlichen Revolution der Menschheit, sowohl in der Welt wie auch in der Christenheit. Diese Jahre erinnern in manchen Punkten an die okkulte Invasion aus Offenbarung 9, wo von dem fünften Posaunengericht Gottes geschrieben steht. Es ist von Bedeutung, dass die KSB in diesen Jahren entstand.

Eine Folge der Pfingstbewegung und Charismatischen Bewegung ist, dass das biblische Evangelium unter dem Trümmerhaufen der Erfahrungstheologie fast gänzlich zugeschüttet wurde. Es bedarf heute großer Mühe, zu erkennen, was biblisches Evangelium und biblische Lehre eigentlich ist, weil die geistliche Substanz der Gemeinde Jesu in Rekordschnelle abgebaut wurde.

Nun stellt sich die Frage, warum viele Christen den Irrweg der Pfingstbewegung nicht schon damals erkannten. Wolfgang Bühne bringt dazu folgendes Beispiel anhand der Vorgänge 1907 in Kassel: "Das folgende Ereignis macht sehr gut deutlich, warum viele Geschwister in dieser Bewegung unmöglich das Wirken satanischer Mächte erkennen konnten. *Ihr Argument lautete, dass der Teufel wohl kaum ein Interesse daran haben konnte, dass Sünden offenbar und bekannt wurden!* (Hervorhebung durch den Verfasser). Eine Abendversammlung war bewegter. Einer der ersten Zungensprüche war: 'Der ganze Saal (in dem doch vorwiegend Gläubige waren) ist voll von Dieben.' Mit einem Schrei des Schreckens wurde diese Offenbarung des Herrn aufgenommen. Die Zungenredner wiesen dann darauf hin, dass Leute da seien, die Äpfel gestohlen, beim Militär Geld aus dem Spind genommen hätten, dass Schneiderrechnungen nicht bezahlt seien, dass Eheleute da seien, die Einnahmen, die sie hätten, vor ihrer Ehehälfte verbergen, dass Leute da seien, die in ihren Häusern Plätze hätten, wo sie ihr gestohlenes Geld hinlegten, dass Steuerhinterziehungen vorgekommen seien … Der Inhalt der Aussagen einer Norwegerin bestand zum großen Teil aus Bibelsprüchen, und zwar aus solchen, die vorwiegend Evangelium enthielten, während die männlichen Zungenredner sich hauptsächlich mit den vorhandenen Sünden beschäftigten. Die Versammlung war wie ein wogendes Meer; je schärfer die Aussprüche der Zungenredner waren, desto mehr Äußerungen des

Schmerzes und des Schreckens wurden in Seufzen und Stöhnen und Schreien laut … Inzwischen hatten die Vorfälle im Blaukreuzheim solche Ausmaße angenommen, dass sogar die Polizei eingeschaltet wurde, um einigermaßen die Ordnung vor dem Saal zu erhalten."[15]

Hier haben wir das Musterbeispiel einer Massensuggestion in christlichem Gewand. Dieses Beispiel macht deutlich, warum es sehr schwierig ist, sich als einzelne Person dem Einfluss derartiger Manipulationstechniken zu entziehen. Der Mensch ist hochgradig anfällig für seelische Beeinflussung. Seine Natur gleicht der eines orientierungslosen Schafes. Es gibt viele Beispiele dafür (z. B. in der Politik, Musik und Werbung), dass der Mensch durch entsprechende Reizeinwirkungen einem ganz bestimmten Verhaltensmuster folgt. Dieses Verhaltensmuster ist durch den Einsatz von Manipulationstechniken vorherbestimmbar und steuerbar. Das zeigt, wie wichtig die Beurteilung aus biblischer Sicht ist, da Erfahrungen und Erlebnisse in alle Richtungen steuerbar sind. Über die Erfahrung lässt sich z. B. "beweisen", dass ein Mensch schon einmal auf dieser Erde gelebt hat. Durch gezielte Rückführungskurse in der Esoterik erlebt der Teilnehmer dann sein "früheres Leben". Die Beeinflussbarkeit des Menschen wird immer mehr auch in der Medizin eingesetzt, z. B. durch Placebos (unwirksame Scheinmedikamente), Berieselung mit Musik während einer Operation oder Betäubung durch Hypnose.

Eine Person, die Erlo Stegen sehr stark beeinflusst hat, ist Andrew Murray. Murray wirkte in der Holländisch-Reformierten Kirche in Südafrika. Nach Stegens Aussagen fand durch ihn in der Kap-Provinz eine Erweckung statt. Murrays Verkündigung betonte das Heiligungsleben und das Sündenbekennen. Dies wurde ein entscheidender Punkt in Stegens Methode und lautet kurz gefasst: Sündenbekenntnis schafft die Erweckung! Wenn alle Sünden bekannt sind, dann muss Gott Erweckung geben!

Stegen schrieb dazu: “Kann man verstehen, warum so viele Menschen um Erweckung beten, und so wenige erleben sie? Warum ist das so? Der Grund dafür ist, dass es bei einigen Frommen nur ein Wortspiel ist, wenn man um Erweckung betet. Kommt eine Erweckung, dann sind sie dagegen und werden zu Feinden der Erweckung. Forschen wir nach der Ursache, so lehrt die Erfahrung dies: Wenn jemand dem Wirken des Geistes Gottes widersteht, dann nur darum, weil in seinem Leben Sünde ist.”[16]

Die neue Erkenntnis Stegens führte dazu, dass die Sünde bei ihm fortan im Mittelpunkt stand: “Der Heilige Geist zeigte mir eine Sünde nach der anderen ... Vor Jahren fragte mich ein Prediger: ‘Sage mir, erwähnst du in deinen Predigten die Sünde?’ Damals erwiderte ich: ‘Es tut mir leid, aber meine Erfahrung ist so, dass ich über nichts anderes sprechen kann.”[17]

Auch diese Aussage macht deutlich, dass nicht mehr die biblische Lehre, sondern Erfahrungen und Erlebnisse im Zentrum der Gesinnung Stegens standen. Eine Folge davon war, dass Träume und Visionen einen sehr hohen Stellenwert bei ihm einnahmen. Eine Vision schilderte er folgendermaßen: “Dann sah ich plötzlich ein Bild wie eine Vision. Ich bin kein Mensch, der an Visionen oder an Träume glaubt. Aber dieses Bild werde ich nicht wieder vergessen. Wenn ich ein Künstler wäre, könnte ich es heute noch malen. Da war ein Hindutempel mit allerlei Götzenbildern. Ich selbst ging in diesen Tempel hinein, beugte mich vor dem ersten Götzenbild bis auf die Erde und betete es an. Dann stand ich auf, ging zum nächsten Götzenbild, berührte die Stirn auf dem Fußboden und betete das Bild an. Wieder stand ich auf und tat das Gleiche mit dem dritten Bild. Da erwachte ich mit einem Schrei und rief aus: ‘Herr, zwölf Jahre habe ich den Zulus gepredigt: Ich bin der Herr, euer Gott. Ihr sollt keine anderen Götter neben mir haben. Ihr sollt euch kein Bildnis noch Gleichnis machen ... Dabei bin ich derjenige, der Prediger, der andere

Götzen anbetet!' Ja, Gott hatte mir gezeigt, dass ich ein Götzendiener gewesen war. Weinend ging ich in den Versammlungsraum, in dem ich Gottesdienst halten sollte. Aber ich konnte nicht predigen, sondern nur mühsam hervorbringen: ‚Lasst uns auf die Knie gehen und beten.' Unaufhörlich weinte ich und rief nur aus: 'Gott, sei mir Sünder gnädig.' Das war der Beginn der Erweckung."[18]

Wie später noch ausführlich dargestellt wird, glaubt Stegen sehr wohl an Visionen und Träume. Es ist zu beachten, dass er aufgrund einer Vision angesprochen wurde, und nicht durch das Wort Gottes. Das ist symptomatisch. Hier liegt auch die zentrale Täuschung der Pfingstbewegung und Charismatischen Bewegung, die außer dem Wort Gottes noch andere Offenbarungsquellen anerkennen und diese in vielen Fällen dem Wort Gottes vorziehen.

Ein weiterer Punkt ist, dass sich Stegen selbst als Auslöser der vermeintlichen Erweckung versteht. Hier liegt ein wichtiger Hinweis für die Qualität der "Erweckung". Stegen schrieb dazu. "Eines Tages war ich so weit, dass ich betete: 'Herr, ich kann nicht mehr!' – 'Erlo, hast du nicht um Erweckung gebetet? Und nun sagst du: ich kann nicht. Gut, dann lass es! Dann komme ich nicht.'"[19]

Nach Stegens Verständnis will Gott also nur kommen und wirken, wenn Stegen "kann". Eigenartig nur, dass Gott dem Paulus seinerzeit sagte: "Lass dir an meiner Gnade genügen, denn meine Kraft ist in den Schwachen mächtig" (2. Kor. 12,9).

Bei Stegen hängt Erweckung von Menschen ab. Der Mensch hat die Schlüssel für Erweckung in seiner Hand. Diese Einstellung erklärt die überaus starke Betonung der Sünde und des Sündenbekennens und ist das zentrale Thema aller KSB-Gruppierungen. Stegen verkündigt bis zum heutigen Tag hauptsächlich Sünde. Sünde und Sündenbekennen stehen bei ihm und in der KSB im Zentrum der Verkündigung. Nicht Jesus und sein Sterben für die Sünde, nicht sein Erlösungswerk und die Rechtfertigung durch den Glauben, sondern die Sünde und das Sündenbekennen sind das "Evangelium" der KSB. Bei genauer Betrachtung wird dann auch deutlich, dass die Sündenpredigt nur Mittel zum Zweck ist und in den Dienst einer höheren "Segnung" gestellt wird, die offensichtlich nur in Kwasizabantu erlebt werden kann. Es ist peinlich, dass viele namhafte und gebildete Christen diese "Bauernfängerei" nicht durchschauen, sondern als Geheimtipp für den besonderen Segen Gottes weiterempfehlen. Die Praxis offenbart, dass die Verkündigung der KSB zu einer sehr starken Bindung an Menschen und einem gesetzlichen Heilsverständnis führt. Die unbiblische Akzentverschiebung der Sünde und die Reduzierung der Sünde auf Unmoral und sittliche Verfehlungen macht blind für die eigentliche Sünde, nämlich das mangelnde Vertrauen in Jesus Christus und sein alleiniges Erlösungswerk.

Der Lügencharakter von Stegens "Evangelium" ist offensichtlich. Nicht das Werk Gottes, sondern sein eigenes Werk steht im Mittelpunkt – eine exakte Verkehrung geistlicher Prinzipien, über der immer der Zorn Gottes steht. Begonnen hatte alles mit der Unzufriedenheit am Wirken Gottes. Stegen wollte keine Erweckungsversammlungen, sondern dass Gott den Himmel zerreißt. Er wollte Pfingsten wie zur Zeit der Apostel. Doch statt der Ausgießung des Heiligen Geistes wurde die Geisterwelt ausgegossen. Wie sich dieser Taumeltrank auswirkte, wird später noch deutlich werden.

Die endzeitlichen Verführungen können ganz allgemein als ein Gericht Gottes über eine eigensinnige und um sich selbst drehende Christenheit betrachtet werden. Das Gericht am Hause Gottes, von dem Petrus schrieb (1. Petr. 4,17), findet heute in verstärkter Weise unter der Christenheit statt. Wir können geradezu von jenem Unheil sprechen, von dem bereits Jeremia schrieb:

> *Denn siehe, bei der Stadt, die nach meinem Namen genannt ist, fange ich an mit dem Unheil, und ihr solltet ungestraft bleiben? Ihr sollt nicht ungestraft bleiben, denn ich rufe das Schwert über alle herbei, die auf Erden wohnen, spricht der HERR Zebaoth* (Jer. 25,29).

Ein alttestamentliches Beispiel macht deutlich, warum die Unzufriedenheit mit dem souveränen Wirken und Führen Gottes ein göttliches Gericht nach sich zieht.

Als das Volk Israel in der Wüste Sinai lebte, murrte es gegen Mose und Gott. Die Israeliten waren mit ihrer Verpflegung nicht mehr zufrieden: "Da zogen sie vom Berge Hor weg auf dem Weg zum Schilfmeer, um der Edomiter Land zu umgehen. Aber das Volk ward ungeduldig auf dem Wege. Und das Volk redete wider Gott und wider Mose: Warum habt ihr uns aus Ägypten geführt, dass wir in der Wüste sterben? Denn hier ist weder Brot noch Wasser, und unsre Seele hat einen Ekel an dieser schlechten Speise! Da sandte der HERR feurige Schlangen unter das Volk, die bissen das Volk, so dass viel Volk in Israel starb" (4. Mo. 21,4-6).

Diese alttestamentliche Begebenheit deutet auf ein geistliches Prinzip hin, das auch für uns sehr aktuell ist: Wenn die Christen mit dem Erlösungswerk Jesu und der Rechtfertigung durch den Glauben nicht mehr zufrieden sind, sondern mehr wollen, dann zieht das den Zorn Gottes nach sich. Gott gibt zwar mehr, aber dabei handelt es sich um Gericht. Paulus zeigt in 2. Thessalonicher 2 auf, dass Zeichen und Wunder in der Zeit vor dem Wiederkommen Jesu in Verbindung stehen mit Abfall und Gericht Gottes:

> *Der Böse aber wird in der Macht des Satans auftreten mit großer Kraft und lügenhaften Zeichen und Wundern und mit jeglicher Verführung zur Ungerechtigkeit bei denen, die verloren werden, weil sie die Liebe zur Wahrheit nicht angenommen haben, dass sie gerettet werden* (2. Thes. 2,9-10).

Die Wahrheit wird uns in der Bibel offenbart, und nicht in Erlebnissen oder außerbiblischen Botschaften. Wer die Liebe zur biblischen Wahrheit verliert, steht in größter Lebensgefahr. Die Verführten tragen somit immer eine Mitverantwortung an Verführung. Der Verführung geht oft ein Blickrichtungswechsel von Christus zum Ego sowie Vernachlässigung und Untreue gegenüber dem Wort Gottes voraus. Die Giftschlangen haben unter einer unnüchtern gewordenen Christenheit ihr ideales Wirkungsfeld. Durch lügenhafte Zeichen und Wunder und viele andere Verführungen werden Tausende von unzufriedenen Christen irregeleitet. Der giftige Biss teuflischer Verführung verliert nur dann seine Wirkung, wenn die Christen wieder auf das Erlösungswerk Jesu schauen und damit die Liebe zur Wahrheit annehmen. Auch dieser Hinweis wurde uns von Gott im Alten Testament gegeben:

> *Da sprach der HERR zu Mose: Mache dir eine eherne Schlange und richte sie an einer Stange hoch auf. Wer gebissen ist und sieht sie an, der soll leben. Da machte Mose eine eherne Schlange und richtete sie hoch auf. Und wenn jemanden eine Schlange biss, so sah er die eherne Schlange an und blieb leben* (4. Mo. 21,8-9).

Die erhöhte Schlange in der Wüste Sinai ist eine modellhafte Vorausschattung auf Jesus Christus hin, der auf Golgatha für unsere Sünden ans Kreuz genagelt und dann in diesem Zustand am Kreuz hängend aufgerichtet wurde. Jesus selber sagte dazu in Johannes 3,14:

> *Und wie Mose in der Wüste die Schlange erhöht hat, so muss der Menschensohn erhöht werden, damit alle, die an IHN glauben, das ewige Leben haben.*

Als Christen dürfen und müssen wir lernen, dass wir alles, was wir wahrhaft brauchen, durch den Glauben an Jesus Christus geschenkt bekommen haben. Paulus schreibt: “Da wir nun gerecht geworden sind durch den Glauben, haben wir Frieden mit Gott durch unseren Herrn Jesus Christus" (Röm. 5,1). Wem das nicht genügt, ist ein potenzielles Opfer endzeitlicher Verführung.

Die geistliche Katastrophe in der KSB breitete sich langsam und unaufhaltsam auf dem gelegten Fundament der Erfahrungstheologie Stegens aus. Dies wurde weder von Koch noch von Stegen bemerkt. So konnten böse Geister ihren Einfluss nahezu ungehindert ausüben.

Während Koch vorher ein Gegner der Pfingstbewegung und Charismatischen Bewegung war und viele "Wunder" als Täuschungen aufdeckte, so änderte er nun unter dem Einfluss Stegens seine Überzeugungen. Dass Koch jedoch in seinen Aussagen durch Stegen manipuliert und zensiert wurde, machte er selbst in folgender Passage deutlich: "Das so genannte Zungenreden (Glossolalie) ist in der Gemeinde Jesu in der Gegenwart das heiße Eisen. Die einen streiten dafür, die anderen kämpfen dagegen. Wer hat nun eigentlich Recht? In meinem ursprünglichen Manuskript hatte ich zuerst meine eigene Stellungnahme gegeben. Erlo bat mich aber, das herauszunehmen, weil ich ja schon in vielen Büchern zu der charismatischen Bewegung Stellung genommen habe. Lassen wir also nur Erlo zu Wort kommen. Er glaubt, dass die Geistesgaben heute noch da sind ... Da in aller Welt um die Zungengabe gestritten wird, fragte ich Erlo nach seiner Meinung. Er antwortete: 'Ich stand vor der Erweckung in Opposition zur Zungengabe, musste mich aber vom Herrn korrigieren lassen.'"[20]

Es ist sehr bemerkenswert, dass Stegen durch die "Erweckung" Zungenredner wurde, weil ihm unter den Zulus Besessene begegneten, die die gleiche Fähigkeit besaßen.

Nachdem also nun durch die neuen Erfahrungen der "Erweckung" der Zugang zu übersinnlichen Erlebnissen geebnet wurde, öffnete sich Stegen besonders den Visionen. Koch schrieb dazu: "Erlo hatte vor der Erweckung gegen die Träume gepredigt und gesagt, dass sie nur Auswirkungen der Tageserlebnisse oder der Kindheitserfahrungen sind. Seit der Erweckung musste er sich in seiner ablehnenden Haltung korrigieren lassen."[21]

An dieser Stelle sei bemerkt, dass nicht nur Stegen, sondern auch Koch eine neue Haltung zu Träumen und Visionen einnahm. Aufgrund einer Vision der Zulufrau Hilda Dube sagte Erlo Stegen ihm bei den ersten Begegnungen auf den Kopf zu, dass er in Ehebruch lebe. Dies überraschte Koch zutiefst und so beichtete er Stegen seine Schuld. Was dann geschah, ist reine Spekulation. Insider vermuten, dass Stegen Koch die Hände auflegte. Nach Aussage von Ehemaligen verfügt Stegen über mediale Kräfte, die er durch Handauflegung übertragen kann. Eine Frau berichtete dem Verfasser von der Handauflegung durch Erlo Stegen bei zwei ihrer Bekannten, wobei die eine Person daraufhin unsaubere Gedanken und die andere dämonische Besuche bekam. Auch wenn diese Dinge für eine sichere Beurteilung nicht ausreichend sind, so geben sie uns doch einen wichtigen Hinweis.

Was immer auch mit Koch geschah – die Begegnung mit Stegen veränderte sein Leben derart, dass auch er seitdem eine verhängnisvolle Erfahrungstheologie lehrte. Sein Buch "Gott unter den Zulus", das 1976 erschien, hätte kein Pfingstler überzeugender schreiben können. Die neue Botschaft Kochs lautete nach seinen Worten: "Rettung - Heilung - Befreiung (gemeint ist die dämonische Befreiung, Anmerkung des Verfassers), das ist die dreifache urchristliche Botschaft und Vollmacht der ersten Jünger Jesu. Die Theologen sagen vielfach, das gäbe es im 20. Jahrhundert nicht mehr. Und doch können wir bei jeder echten Erweckung dieses Dreigestirn der göttlichen Vollmacht beobachten."[22]

An anderer Stelle schrieb Koch: "Noch mehr beklage ich die

Haltung der Christen, die alle Wunder in das erste Jahrhundert verbannen wollen. Auf Erweckungsgebieten findet sich alles wieder, was die Apostelgeschichte berichtet."[23]

Diese Aussagen sind zweifellos falsch, denn eine echte Erweckung muss keine körperlichen Heilungen hervorbringen. Und auf Erweckungsgebieten findet sich keinesfalls alles wieder, was die Apostelgeschichte berichtet.

Das Buch von Dr. Kurt Koch "Gott unter den Zulus" enthält eine ganze Reihe von Berichten über Visionen. Darunter sind auch die Visionen von Lindiwe Dube, der Tochter Hilda Dubes. Lindiwe war damals 11 Jahre alt und bekam fortwährend Visionen. In diesen Visionen erhielt sie konkrete Angaben und Aufträge, die sie an Stegen weitergab. Stegen zögerte anfänglich, ließ sich dann aber voll darauf ein. Immer wieder bekam er durch die Visionen von Lindiwe Anweisungen, was er tun sollte. Zwei Visionen seien hier beispielhaft aufgeführt: "Lindiwe hatte eine Vision von einem Zulumädchen in Durban. Dieses Mädchen war ganz jung nach Durban übergesiedelt und hat sich dort einer Gangstergruppe angeschlossen ... Das Rettungswerk dieser Verlorenen begann mit dieser Vision der Lindiwe. Sie hatte Namen und Anschrift dieser Gangsterin in der Vision erhalten. Erlo sollte mit ihr sprechen. Erlo schickte einen Mitarbeiter, um sie holen zu lassen. Diese Gangsterkomplizin fragte den Mitarbeiter: 'Wieso hast du gewusst, dass ich ausgerechnet heute zu Hause bin?'"[24]

"Lindiwe hatte eine weitere Vision, die eine Angestellte des Spitals betraf. Diese Frau war bekannt wegen ihrer Härte. Sie war dominierend und beherrschte alle in ihrer Umgebung. Jesus sagte der elfjährigen Lindiwe: 'Es ist Zeit, dass diese Frau sich bekehrt. Gib den Auftrag an Erlo weiter, dass er diese Frau besucht.' Wie in den anderen Fällen hatte Lindiwe den Namen dieser Frau und ihr Haus in der Vision erfahren. Sie überbrachte Erlo den Auftrag, der einige Mitarbeiter mitnahm, um die Frau aufzusuchen. Da Erlo den Weg zum Wohnhaus einschlug, erklärten einige Mitarbeiter, er müsse zum Spital fahren. Sie sei ja jetzt nicht zu Hause. Erlo erwiderte: 'In der Vision war nicht vom Spital die Rede, sondern von dem Haus der Frau.' In der Tat fanden sie die Frau im Hof ihres Hauses."[25]

Stegen behauptete in seinem Buch "Erweckung unter den Zulus", er sei nicht der Mensch, der an Visionen oder Träume glaubt. Das genaue Gegenteil ist der Fall. Stegens Vertrauen in Visionen ist so unbegrenzt, dass er sein ganzes Werk darauf aufbaute. Koch ließ sich dazu verleiten, den Visionen biblische und göttliche Autorität zu verleihen. Sein Buch "Im Paradies" mit den Visionen Lydia Dubes, der Schwester Lindiwes, ist der Höhepunkt seines Irrweges und ein historisches Dokument endzeitlicher Verführung innerhalb der konservativ evangelikalen Christenheit. Wir kommen deshalb nicht daran vorbei, diese Visionen an späterer Stelle näher zu beleuchten.

Was folgte der "Erweckung" von 1966/1967?

Stegen berichtete davon, dass sich bei der "Erweckung" in Mapumulo ein Brausen vom Himmel über den gesamten Ort ausbreitete. Dann seien Zeichen und Wunder geschehen. "Zuerst kam eine Zauberin, die 7 km entfernt wohnte und eine Zauberinnenschule leitete. Gott begann also bei der stärksten Festung Satans ... Und dann nannte sie die Geister mit Namen: Mzeezrus, Mteeges, Mtowos – das sind nicht nur imaginäre Vorstellungen. Wenn eine Person von dem Geist Mzeezrus besessen ist, kann sie in fremden Sprachen sprechen, die sie nie gehört oder gelernt hat ... Sie sah aus wie ein Tiger, der zum Sprung auf sein Opfer ansetzte. Ihre Augen hatten einen unvorstellbar Furcht erregenden Ausdruck. Einer der Mitarbeiter rannte vor Angst aus dem Raum. Wir mussten ihn zurückholen und besänftigen. Wir brauchten uns ja nicht zu fürchten, da Jesus alle Macht des Teufels gebrochen hat. Danach sprach die Frau mit uns in englischer Sprache, die sie nie in der Schule gelernt hatte. Plötzlich bellten viele Hunde aus ihr ... Als das vorüber war, grunzten und quiekten viele Schweine aus dieser Frau. Daraufhin geboten wir diesen Finsternismächten im Namen Jesu, der über alle Namen ist, zu weichen. 'Wir sind 300 starke Krieger und werden diese Person nicht verlassen!' riefen sie aus. Da sprach keine Frau! Andere Mächte waren es, die mit eines Menschen Stimme reden konnten. Wir beteten: 'O Herr, wirke du und befreie diesen Menschen!' Plötzlich machten diese Dämonen eine bemerkenswerte Aussage: 'Wir wussten von Gott dem Vater, auch von Gott dem Sohn, aber seit der Heilige Geist gekommen ist, brennen wir. Sein Feuer ist uns zu heiß' ... Und dann fuhren die ersten hundert Dämonen mit großem Geschrei aus, dann die zweiten hundert, danach die dritten hundert ... Nach dieser Zauberin kamen die Zauberer, dann die Besessenen, einer nach dem anderen, Tag für Tag. Zwei bis drei Monate lang kamen wir fast nicht zum Schlafen. Wir waren Tag und Nacht beschäftigt. Manchmal hatten wir weder Zeit zum Essen noch zum Umziehen. Der Geist Gottes ging buchstäblich durch die Häuser und brachte die Menschen herbei."[26]

Auffällig bei all den Besessenen war, dass sie kamen, ohne eingeladen worden zu sein. Niemand hatte ihnen jemals etwas von Jesus gesagt und sie wussten auch nichts von der Missionsstation.

"Wir fragten jeden Einzelnen: 'Wer brachte dich hierher?' 'Keiner!' 'Wie wusstest du, dass wir hier sind? Wer lud dich ein?' 'Keiner!' Immer wieder bekamen wir die gleiche Antwort, immer wieder die gleiche Geschichte zu hören: 'Wir können das nicht erklären, aber es muss Gott gewesen sein. Eine Kraft in uns hat uns angetrieben, hierher zu kommen."[27]

An diesem Bericht gibt es einige Merkwürdigkeiten, die uns einen wichtigen Hinweis geben in Bezug auf die mangelnde Authentizität der "Erweckung": Die Dämonen der besessenen Zulus sagten, dass sie Gott den Vater und Gott den Sohn kennen, aber seit der Heilige Geist gekommen sei, brennen sie. In dem Buch "Gott unter den Zulus" von Dr. Kurt Koch wird die Szene etwas anders zitiert: "Erlo wiederholte das Gebieten im Namen des dreieinigen Gottes. Nach weiterem Beten erklärten die Mächte: 'Gott den Vater kennen wir, auch der Sohn Gottes ist uns bekannt, aber Gott dem Heiligen Geist sind wir bisher noch nicht begegnet. Weil er nun gekommen ist und die Dreieinigkeit zusammen ist, sind wir im Feuer. Wir müssen das Feld räumen.'"[28]

Alexander Seibel schrieb zu diesem Vorgang: "Gott ist Geist, und wo Gott ist, ist auch sein Geist. Dieses Trennen der Personen der Gottheit ist aber die klassische Pfingstirrlehre. Wenn wir uns nur etwas nach der Bibel richten und nicht Lehren aus der Erfahrung ableiten wollen, dann sollte es doch klar sein, dass Dämonen im Namen Jesu ausgetrieben werden. Hier aber stellt sich der 'Heilige Geist' in den Mittelpunkt, was er nach Gottes Wort gerade nicht macht (Joh. 16,13-14). Es sind wörtlich Dämonenlehren (1. Tim. 4,1)."[29]

Es gibt keinen einzigen Bericht in der Bibel, wo Besessene von sich aus, noch dazu ohne Information, zu Jesus oder den Aposteln kamen, um befreit zu werden. In den Evangelien wird davon berichtet, dass die Besessenen zu Jesus gebracht wurden oder Jesus zu ihnen hinging (z. B. Mt. 4,24; 8,16; 9,32; 12,22; Lk. 4,31-37). In der Apostelgeschichte wird weiterhin berichtet, dass Philippus Besessene befreite und Gelähmte heilte, indem er hinabging in eine Stadt Samarias und Christus predigte (Apg. 8,4-8). Das Kennzeichen von Besessenheit ist, dass alle Aktivitäten der Besessenen unter dem Einfluss dämonischer Mächte stehen. So werden sie sich ohne vorherige Befreiung auch niemals durch den Geist Gottes führen lassen. Es ist daher anzunehmen, dass sich in Mapumulo anstelle einer Erweckung ein diabolisches Theaterstück abspielte.

Eine sehr merkwürdige Auswirkung der "Erweckung" ist der Personenkult um Erlo Stegen. Dr. Koch berichtete z. B. von einer "Heilung", bei der ein Pantoffel Stegens über einen Kranken gehalten wurde.[30] Stegens Person stieg unter den Zulus in kürzester Zeit zu ihrem Führer und Vater auf. Erlo Stegen schrieb selbst dazu: "Die Zulus, die mich bisher 'Mfundisi' genannt hatten, begannen, mich 'Baba' (Vater) zu rufen. Ein Zulu tut so etwas gewöhnlich nicht. Niemand außer seinesgleichen wird als 'Baba' bezeichnet. Warum sie mich wohl Vater nannten, überlegte ich. Sie wussten ja nichts von dem, was sich zwischen mir und Gott abgespielt hatte. Plötzlich behandelten sie mich mit größerem Respekt als vorher und setzten sich mit ihrem Leben für mich ein. Das hatte wohl alles damit zu tun, dass ich – geistlich gesprochen – mein Leben verlor, als ich vor Gott kapitulierte."[31]

Es stellt sich die Frage, wie Stegen das mit dem Verlieren seines Lebens und der Kapitulation vor Gott verstanden hat. Berichte aus der Missionsstation in Kwasizabantu machen deutlich, dass Stegen keinen Widerspruch duldet und eine diktatorische Herrschaft ausübt. Es gibt viele verschiedene Zeugenaussagen hierzu. Als ein Beispiel soll ein Zeugenbericht dienen von dem in Südafrika arbeitenden Missionar Johannes Trauernicht und seiner Frau Hanni sowie Martin Frische von "Trans World Radio South Africa" unter dem Titel: "Eine Ehe zerbricht an Kwasizabantu": "Seit Jahren wissen wir um Dinge, die in Kwasizabantu sehr schief liegen. Immer wieder hörten wir, dass Menschen und sogar Kinder in Kwasizabantu in ein unbiblisches Sündensuchen hineingeführt oder sogar gezwängt wurden. Manchmal kamen Gäste aus Übersee nach einigen Wochen Aufenthalt in Kwasizabantu zu uns: zerbrochen, keine Heilsgewissheit mehr und gelegentlich noch fanatische Anhänger Kwasizabantus. Sie möchten wieder zurück, immer mit der Befürchtung, es könnten noch mehr unbekannte Sünden in ihrem Leben sein ('Da muss noch Sünde in meinem Leben sein'). Wir hörten gelegentlich auch, dass Erlo Stegen eine fast absolute Herrschaft in Kwasizabantu und über die Gewissen der Mitarbeiter und mancher Dauergäste ausübt. Wir hörten sogar, dass Erlo Stegen lügen würde und seine Mitarbeiter dies scheinbar nicht einmal mehr merkten oder sogar mitmachten. Wir hörten auch von Leuten, denen Erlo Stegen Prozesse androhte, wenn sie gegen Kwasizabantu aussagen würden.

Wir blieben zurückhaltend. Denn für uns schien es offensichtlich zu sein, dass trotz allem Menschen in Kwasizabantu gesegnet wurden oder auch zur Umkehr kamen. Waren dies vielleicht nicht nur böse Reaktionen von Menschen, die zu Recht im Gewissen getroffen wurden? Es machte uns jedoch stutzig, dass, wenn wir es für weise hielten, in gewissen Gesprächen unsere Bedenken zu melden oder nur einfach keine Begeisterung zeigten, uns ein merkwürdiger Zorn entgegentrat. Was war das für eine Bewegung, die ihre Anhänger so gefangen nahm? … Bestimmte Ereignisse veranlassten uns jedoch, unser Schweigen nunmehr aufzugeben."[32]

Viele Mitarbeiter verließen die Missionsstation aus Gewissensgründen bereits in frühen Jahren. Berichte über die Zustände in der Missionsstation irritierten manche Christen, die aufgrund des sichtbaren Erfolges Missstände nicht für möglich hielten. Erlo Stegen erkannte jedoch recht bald, dass er handeln musste. Er veranstaltete 1977 eine Konferenz, an der eine Versöhnung stattfinden sollte. Johannes Trauernicht und Martin Frische schrieben dazu: "1977 fand eine Konferenz statt, die eine Versöhnung zwischen dem Werk und ehemaligen Mitarbeitern, die aus Gewissensgründen ausgeschieden waren, bewirken sollte. Loren Cunningham, der weltweite Leiter von 'Jugend mit einer Mission', war der Leiter der Konferenz. Auf dieser Konferenz wurde von Erlo Stegen zugegeben, dass das Reden in Trance (durch Hilda Dube), Visionen und das Sündenbekenntnis vor Menschen überbetont und die Leitung des Werkes zu autoritär gehandhabt wurden. Durch das Reden in Trance wurden 'Botschaften von Gott' empfangen, die dann wesentlichen Einfluss auf die Leitung des Werkes nahmen. Erlo Stegen zeigte sich tief erschüttert über diese Fehler und bat die Teilnehmer dieser Konferenz um Vergebung. Nur etwa ein halbes Jahr später sagte er in einem Gespräch mit Lothar Buchhorn und Martin Frische, dass er diese Dinge nicht zugab, weil sie zutrafen oder weil er sich schuldig fühlte, sondern 'um den andern alle Waffen aus den Händen zu nehmen' (so Erlo Stegen wörtlich)."[33]

Stegens Versöhnungstreffen und sein Schuldeingeständnis waren ein Täuschungsmanöver. Es hatte sich nichts an seinem Kurs geändert. Ein guter Bekannter Stegens meinte in einem Gespräch mit dem Verfasser hierzu, dass diese nicht ernst gemeinten Schuldeingeständnisse Stegens (die wohl öfters vorkommen), eine ungewöhnliche, aber demütige Art seien, um

Frieden zu stiften. Dass hiervon aber keine Rede sein kann, wurde u.a. auch in einer Ansprache Stegens 1981 an russlanddeutsche Besucher in Kwasizabantu deutlich. Diese Ansprache bezog sich auf eine Schrift von Alexander Seibel mit dem Titel “Die Zulu-Bewegung”. In dieser Schrift zeigte Seibel die unbiblischen Einflüsse der KSB klar auf. Daraufhin traf ihn Stegens besonderer Zorn und schon bald danach erschien die Schrift: “Erlo Stegen antwortet Alexander Seibel”. Hieraus ein Abschnitt: “Die Worte des Hymenäus und Philetus fraßen um sich wie der Krebs, genauso wie die Stellungnahme des Alexander Seibel. Was er geschrieben hat, ist ein furchtbares Gift. Ich habe keine Zeit, darauf einzugehen. Nur ein paar Punkte, die die Falschheit der Stellungnahme klar darstellen sollen. Er vergleicht die Erweckung mit der charismatischen Epidemie oder pfingstlerisch, was eine totale Lüge ist … Alexander Seibel redet von einem Kennzeichen der mystischen, unreinen Geister durch eine vorschnelle Handauflegung, was er meint, unter den Zulus zu beobachten. Jeder, der mit der Erweckung zu tun hat, weiß, was gelehrt und gepredigt wird und ist ein Zeuge des, dass dieses eine Lüge ist. Man kann es nicht fassen, dass ein Mann mit solch einem frommen Schein und biblischen Worten so lügen kann und dieses auch schwarz auf weiß niederschreibt. Solches genügt schon, um zu erkennen, welch ein Geist dort redet.”[34]

Dass Erlo Stegen hier das eigene Urteil über sich sprach, wird in den weiteren Ausführungen noch deutlich. Im Übrigen bestätigte er am 3.10.98 in Limburg bei einem Bericht über die “Erweckung”, dass Menschen durch Handauflegung mit Dämonen infiziert wurden.

Viele Christen, die die KSB unterstützen, argumentieren mit dem sichtbaren Erfolg Stegens und der “Erweckung”. Sie sehen hierin die guten Früchte und denken an das Wort Jesu: “An ihren Früchten werdet ihr sie erkennen” (Mt. 7,20). Es gibt jedoch viele Früchte, die sich äußerlich ähneln. Deshalb sollten die Früchte sehr sorgfältig geprüft werden. Da aber die vermeintliche Erweckung unter den Zulus von vielen Christen nicht näher auf Echtheit überprüft wird, so scheint sie Grund genug zu sein, den Erfolg Stegens als göttliche Bestätigung zu sehen. Der Erfolg ist aber eine sehr kritische und zweifelhafte Beurteilungsgrundlage. Elias Schrenk sagte dazu:

> *Wer die Wahrheit einer Sache alleine von ihrem Erfolg herleitet, steht bereits am Anfang eines Irrweges.*

Wenn in unserer Zeit etwas sehr erfolgreich sein wird, dann vor allem die Verführung der Christenheit. Verführung wäre nicht erfolgreich, wenn sie durchschaut würde. Doch der geistliche Substanzverlust und die Hinwendung zum Erlebnischristentum lassen nicht erkennen, dass die groß angelegten satanischen Täuschungsmanöver noch als solche durchschaut werden. Große Menschenmengen können daher ein wichtiger Indikator für das Wirkungszentrum falscher Propheten sein. Jesus gab seinen Jüngern die ernsthafte Warnung:

> *Und es werden sich viele falsche Propheten erheben und werden viele verführen (Mt. 24,11).*

Welche Rolle spielen die Zulufrauen Dube in der KSB?

Erlo Stegen steht seit Anfang der 60er Jahre in enger Verbindung mit der Spiritistin Hilda Dube. Die Ereignisse von 1966/1967 stehen in direktem Zusammenhang mit ihr. Sie ist bis zum heutigen Tag eine der einflussreichsten Personen in Kwasizabantu und steuert hinter den Kulissen ganz entscheidend den Kurs der KSB. Spiritismus tritt in der KSB nicht zufällig auf. Erlo Stegen hat sich diesem antichristlichen Einfluss ganz bewusst geöffnet. Er benutzt Hilda Dube als spiritistisches Medium, um "göttliche" Botschaften zu empfangen. Diese teuflische Praxis ist ein deutlicher Hinweis für das Wirken eines Lügengeistes. Wo Christen sich nicht mehr vom Heiligen Geist führen lassen und die Liebe zum Wort Gottes nicht annehmen, vollzieht sich Gottes Gericht. Die Heilige Schrift zeigt uns, dass die Macht der Verführung in Zusammenhang steht mit der fehlenden Liebe zur Wahrheit:

> *Der Böse aber wird in der Macht des Satans auftreten mit großer Kraft und lügenhaften Zeichen und Wundern und mit jeglicher Verführung zur Ungerechtigkeit bei denen, die verloren werden, weil sie die Liebe zur Wahrheit nicht angenommen haben, dass sie gerettet würden. Darum sendet ihnen Gott die Macht der Verführung, so dass sie der Lüge glauben* (2. Thess. 2,9-11).

In einem Brief des Südafrikaners Erwin Redinger (der die KSB von Anfang an kennt) an einen mittlerweile ehemaligen KS-Bler wird die Macht der Verführung anhand der Beziehung zwischen Erlo Stegen und Hilda Dube ganz deutlich: "Lieber Herr ......, ich habe Ihren Brief bekommen. Eigentlich bin ich erstaunt, dass Sie solange mit KSB verbunden sind und nichts von der Sache mit Hilda und Erlo wissen. Ich war unter dem

Eindruck, dass die Leute, die schon lange mit KSB verbunden sind, alle davon wissen, denn im Anfang war das 'common knowledge' (das gemeinsame Wissen, Anmerkung des Verfassers) unter den Angehörigen von Mapumulo, wo ja alles angefangen hat. Hilda ist ja noch immer da. Sie war der Mittelpunkt der ganzen Arbeit. Es zeigt sich nur wieder, wie sie das in der späteren Zeit geheim gehalten und verborgen haben. Wenn Erlo sich davon gereinigt hat, wie Sie das hoffen, dann ware das nur annehmbar, wenn er es öffentlich bekennt, dass er betrogen und verleitet worden ist von bösen Geistern, sonst müssen wir annehmen, dass sie noch weitermachen mit den Trancen und dass er es noch nie als verkehrt angesehen hat. Er hat uns damals gesagt, dass es eine Gabe Gottes ist und dass er dadurch beschützt wird vom Irrtum. Ich weiß ja nicht, ob Sie mein Schreiben gelesen haben, das ich an Freunde in Deutschland geschickt hatte. Ich habe wenigstens zwei lange Briefe geschrieben, die viel Information enthalten. Was ich geschrieben habe ist die Wahrheit, wie ich es erlebt und erfahren habe, und es kann durch viele andere bestätigt werden."[35]

In einem Schreiben an seine Freunde schreibt Redinger: "Als es anfing, nahm Erlo für sich in Anspruch, dass Gott ihm eine Gabe gegeben habe, so dass er nicht irre gehen könne. Obwohl es seine Gabe war, wurde sie durch Hilda (Frau Dube) ausgeführt. Sie begab sich in Trance und sprach dann 'Gottes Wort' zu Erlo. Erlo sagte mir, dass Gott ihm diese Gabe gegeben habe, sonst könne er vom Wege abkommen. Ich war Zeuge einer dieser Sitzungen. Hilda sprach zuerst in Zungen, und dann war sie ruhig, und dann sprach sie einige Worte, die Erlo auf einem Blatt Papier notierte. Nach dieser Zusammenkunft fuhren wir weiter nach Durban. Auf dem Weg erwähnte jemand das, was Hilda in dieser Versammlung gesagt hatte. Hilda war sehr erfreut zu hören, was sie gesagt hatte, weil, wie sie sagte, sie niemals wusste, was sie gesagt hatte, wenn es ihr nicht jemand erzählte … Ich erinnere mich, wie Erlo mir erzählte, dass am Anfang, wenn er und Hilda zum Beten zusammenkamen, es geschehen konnte, dass sie nicht in Trance fallen konnte. Nach dem Beten erkannte er dann, dass das Problem bei ihm lag, und sobald er es bekannt hatte, konnte sie wieder in Trance fallen und ihm 'Gottes Wort' sagen. Aber weil es für Hilda eine so große Anstrengung bedeutete, wenn dies geschah, bat er den Herrn, sie einfach in eine Trance fallen zu lassen, ohne ihm Antworten zu geben. Auf diese Weise konnte er dann merken, dass irgendetwas nicht in Ordnung war, was er in Ordnung bringen musste. Der Herr erhörte diese Bitte.

Es mag Menschen geben, die sagen, dass diese Trance-Geschichte jetzt vorbei ist. Ich glaube das nicht, denn wenn es zu jener Zeit falsch war, dann sollten sie es bekennen und sagen, dass sie sich geirrt hatten, anderenfalls muss geschlussfolgert werden, dass es noch immer so weitergeht. Für mich liegt der Beweis dafür, dass es noch immer so weitergeht, in der Geheimnistuerei der ganzen Leiterschaft. Wie es jemand sagte: Dinge passieren nie natürlich oder spontan, die Menschen werden immer überraschend damit konfrontiert. Der Herr hat plötzlich dies gezeigt oder dies oder das gesagt, und dies oder das muss getan werden. Für mich heißt das nicht im Lichte wandeln, sondern in der Finsternis. Dies heißt nicht, die Menschen Christus anzuverloben, sondern sie sich selbst anzuverloben."[36]

Die medialen Kräfte Hilda Dubes hatten sich ganz offensichtlich auch auf ihre beiden Töchter Lydia und Lindiwe übertragen, und so wurde sie zusammen mit ihren Töchtern das Werkzeug einer okkulten Beinflussung der KSB. Da die Zulus hochgradig in Spiritismus verwickelt sind, hätte Stegen gewarnt sein müssen. Er wurde besonders vor Hilda Dube gewarnt, doch allen Warnungen zum Trotz lieferte er sich ihrem Einfluss aus. Somit fanden auch die spektakulären Visionen ihrer Tochter Lydia bei Stegen und der KSB offene Türen.

Lydia Dubes Visionen haben in der KSB eine wichtige Schlüsselfunktion. Durch sie wurde Stegen mit seiner Botschaft scheinbar bestätigt. Damit bestand für viele Christen kein Zweifel mehr an seiner "göttlichen" Sendung. Dass dies ein Schuss nach hinten war, weil auch Lydia das Sprachrohr böser Geister wurde, erkannten nur wenige.

Mit den Visionen Lydia Dubes ging der Wunsch Stegens in Erfüllung, mehr Jugendliche zu erreichen. Es wird berichtet, dass sich 50 junge Zulus durch die Visionen bekehrten. Das klingt zunächst erfreulich und wird von den KSBlern in der Regel auch wieder als Segen Gottes und als Beweis für die Echtheit von Dubes Visionen angeführt: "Die Zulus, die immer behauptet haben, dass das Christentum mit seinen Aussagen über Himmel und Hölle die Religion der Weißen sei, nahmen Lydias Zeugnis an. Sie erklärten: 'Nun wissen wir, dass die Geschichten über Himmel und Paradies wahr sind; denn Lydia ist eine der Unseren. Sie sagt die Wahrheit.'"[37]

Es bleibt nun die Frage, ob sich die Jugendlichen bekehrten, weil sie zum Glauben an Jesus gekommen waren, oder weil sie zum Glauben an Dubes Visionen fanden. Visionen sind eine äußerst schlechte Glaubensgrundlage, weil sie das ideale Täuschungsmittel Satans sind. Das Wort Gottes sagt dazu:

> *Denn die Götzen reden Lüge, und die Wahrsager schauen Trug und erzählen nichtige Träume, und ihr Trösten ist nichts. Darum geht das Volk in die Irre wie eine Herde und ist verschmachtet, weil kein Hirte da ist* (Sach. 10,2).

> *Denn so spricht der HERR Zebaoth, der Gott Israels: Lasst euch durch die Propheten, die bei euch sind, und durch die Wahrsager nicht betrügen, und hört nicht auf die Träume, die sie träumen!* (Jer. 29,8).

Lydia Dube wurde am 26.3.1952 in der Nähe von Mapumulo, dem Zentrum der "Erweckung", geboren und in der lutherischen Kirche getauft, weil ihre Eltern nominell zur lutherischen

Kirche gehören (Mapumulo hat ein lutherisches theologisches Seminar, zu dem auch Prof. Dr. Peter Beyerhaus und Dr. Kurt Koch Beziehungen pflegte). Lydias Eltern schickten Lydia zur Sonntagsschule. Doch schon mit 10 Jahren wurde sie die Anführerin einer Bande von vier Mädchen. Sie trug stets einen Stock mit sich herum, um andere damit zu schlagen.

1964, zwei Jahre vor der "Erweckung", kam Erlo Stegen mit einem Zelt nach Mapumulo. Lydia ging mit ihrer Bande in das Zelt und wollte es nach kurzer Zeit wieder verlassen. Aber Lydia konnte sich nicht erheben.

"Lydia brach bei dieser Unfähigkeit, sich zu erheben, schier der Schweiß aus. In diesem Augenblick trat Erlo auf sie zu und fragte: 'Kann ich dir helfen?' Lydia erwiderte ängstlich: 'Alles, was du über mich gesagt hast, ist richtig.' 'Mit einem Pauschalbekenntnis kommen wir vor Gott aber nicht durch', antwortete Erlo. 'Bekenne eine Sünde nach der anderen.' Das erschrockene Mädchen begann mit einer gründlichen Beichte. Erlo sprach ihr danach mit einem Bibelwort die Vergebung zu."[38]

Lydia war damals 12 Jahre alt. Ihr Leben wurde durch die Beichte mit Erlo Stegen ganz entscheidend geprägt. Sünde und Sündlosigkeit wurden zum Kernthema ihres Lebens und ihrer späteren Visionen. Koch schrieb: "Von diesem Tag an brach ein neuer Abschnitt in Lydias Leben an. Sie versuchte, jeder Sünde zu entfliehen, weil die Hölle auf die Übertreter der Gebote Gottes wartet. Massive Worte aus den Johannesbriefen begleiteten sie durch den Tag, wie z. B.: 'Wer Sünde tut, der ist vom Teufel', 'wer in ihm bleibt, der sündigt nicht', 'wer aus Gott geboren ist, der tut nicht Sünde' (1. Joh. 3,6-9)."[39]

1968 erhielt Lydia den Ruf, bei Erlo Stegen mitzuarbeiten. Noch im gleichen Jahr wurde Lydia ein Glied in Stegens Evangelisationsmannschaft. 1970 siedelte Stegen mit seinen Leuten von Mapumulo nach Kwasizabantu um. Lydia war zu dieser Zeit die einzige Jugendliche in Stegens Mitarbeiterkreis. Stegen hatte sich zum Ziel gesetzt, besonders die Jugendlichen zu erreichen. Doch im Zeitraum von drei Jahren kam kein Jugendlicher zum Glauben. Das änderte sich plötzlich, als Lydia 1973 erkrankte, angeblich starb und dann wieder zum Leben erwachte. Bei dem Scheintod von Lydia war der engste Mitarbeiterkreis von Erlo Stegen sowie Lydias Mutter Hilda anwesend. Bevor Lydia starb, gab sie Visionen an die Versammelten weiter, die Dr. Koch in seinem Buch “Im Paradies” veröffentlichte. Dort heißt es: “Am 8. April 1973 spielte sich dann ein heiliges Schauspiel ab, das allen Anwesenden unvergesslich bleibt. Man sah schon am Vormittag, dass es mit der Patientin zu Ende ging. Lydias Geist schwebte schon in der unsichtbaren Welt. Sie hatte eine Vision nach der anderen. Bei den Visionen berichtete sie stets den anwesenden Freunden, was sie sah.”[40]

Die nun folgenden Visionen schildern einen gigantischen Hindernislauf bis zum Paradies, den vermutlich außer Lydia Dube niemand bestehen würde. Selbst Dr. Kurt E. Koch, der unverständlicherweise alle Register der Theologie und Wissenschaft zog, um die Visionen Dubes als biblisch und göttlich zu rechtfertigen, musste in seinem Buch über ihre Visionen kleinlaut bekennen: “... wenn ich all die Prüfungen überblicke, die Lydia durchstanden hat, dann muss ich einfach bekennen, dass ich mit tausendfacher Sicherheit sie nicht bestanden hätte.”[41]

An dieser Stelle sprach Koch über sich das eigene Todesurteil aus. Wenn Dube Recht hätte, wäre es auch das Vernichtungsurteil über alle, die an Jesus Christus glauben. Niemand hätte eine Chance, die Herrlichkeit zu erreichen, weil eine derartige Perfektion, wie sie durch die Visionen Dubes proklamiert wurde, unmöglich ist.

Hier nun einige Auszüge aus den Visionen, die auf ca. 20 Seiten in Kochs Buch “Im Paradies” niedergeschrieben wurden. Die Visionen beginnen mit dem “schmalen Weg”:

“Bei diesen Visionen betrat Lydia den schmalen Weg. Es war ein sehr steiler Aufstieg. Man konnte bei diesem beschwerlichen Weg nicht das geringste Gepäckstück mitnehmen. Selbst bei den anstrengendsten Wegpartien durfte man nicht ausruhen, obwohl rechts und links niedrige Felsen dazu einluden. Man musste den Weg fortsetzen, auch wenn man auf Händen und Füßen zu kriechen hatte. Wenn jemand sich auf einen Felsen setzen wollte, dann kippte der Felsen und fiel zusammen mit dem betreffenden Menschen in einen Abgrund, der mit der Höhle in Verbindung stand, in die der tanzende junge Mann gestürzt war. Oben auf der Spitze des steilen Berges stand Jesus mit einem Buch in der Hand. Drei Frauen in weißen Kleidern erreichten ihn. Der Herr sagte ihnen: ‘Ihr habt zwar eure Kleider gewaschen, aber sie nicht vollständig ausgewrungen. Es sind noch Schmutzreste darin.’ Die drei Frauen durften den Weg nicht fortsetzen …

Bei jedem Menschen, der ankam, schaute Jesus in sein Buch. Der Ankommende wusste dann sofort, ob er auf dem schmalen Weg weitergehen dürfte oder nicht. Lydia kam, und der Herr ließ sie weitergehen und begleitete sie.

Auf der folgenden Wegstrecke wurde Lydia verschiedenen Prüfungen unterzogen. Es war zugleich eine Rückschau. Zuerst kam sie an eine Stelle, da Menschen, die zur gleichen Familie gehörten, sich stritten und sich schlugen. Lydia wurde an die früheren Familienstreitigkeiten erinnert. Wenn sie alles nicht schon lange bereut und bereinigt hätte, wäre es ihr nicht gestattet worden, den Weg fortzusetzen. Sie betete: ‘Herr, bahne du mir einen Weg durch diese Kämpfe.’ Sie wurde erhört.

Die nächste Prüfung war noch schwieriger. Sie traf einen Mann, der einen Sack trug, in dem Mehl und Zucker gemischt waren. Der Herr sagte ihm: ‘Bringe Mehl und Zucker auseinander.’ Er konnte es nicht. Damit war ihm die Fortsetzung des Weges verwehrt. Der junge Mann hatte ein weltförmiges Christsein vertreten und Geistliches mit Weltlichem vermischt …

Alle diese Visionen waren zugleich eine Frage an Lydia: 'Wie stand es bei dir in diesem Punkt?' Wenn irgendetwas nicht in Ordnung gewesen wäre, hätte der Herr sie den Weg nicht weitergehen lassen ...

Auf dem schmalen Weg kam Lydia an eine Stelle, wo drei Männer dabei waren, unentwegt andere Pilger in schwarze Särge zu legen. Es wurde Lydia deutlich gemacht: Das sind Gläubige, die über die Sünden der anderen reden, die kritisieren, verurteilen, verdammen; Gläubige, die andere abschreiben und beerdigen und dabei ihr Ziel verfehlen. Sie konnten auf dem schmalen Weg nicht weitergehen ... Die Prüfungsstationen wollten schier kein Ende nehmen. Das sind Illustrationen für die vielen Christen, die sich im Blick auf die Ewigkeit so leichtfertig benehmen."[42]

An dieser Stelle schiebt Dr. Kurt Koch eine Aussage ein, um den Visionen doch noch die richtige theologische Richtung zu geben: "Einmal begegnete ich einem Kirchenältesten, der sein Heil darauf gründete, dass er in einem Traum Jesus gesehen hatte. Das ist keine biblische Errettung. Unsere Erlösung gründet sich auf die Tat Jesu am Kreuz und nicht auf einen Traum oder eine Vision."[43]

Die Visionen Dubes enden nach einem langen Hindernislauf wie folgt: "Nachdem Lydia das Drahthindernis überwunden hatte, kam sie an die große Kontrollstation, ein geräumiges Haus, in dem die letzten Prüfungen für den Eingang in das Paradies vorgenommen werden sollten. Schon die Tür zu diesem Haus bedeutete ein geistliches Maßnehmen. Die Tür hatte eine bestimmte Höhe. Wer diese Höhe nicht hatte, kam nicht durch. Die größeren Personen konnten sich nicht bücken. Sie waren steif. Die kleineren konnten sich nicht strecken. Man musste das richtige Maß haben, das Maß Gottes ... Nach dem Betreten dieses Gerichtshauses erhielt jeder eine Art Pass, der abgestempelt wurde. Dann warteten alle, bis sie an die Reihe kamen. Es waren Richter und Ärzte anwesend, die jeden zu kontrollieren hatten. Der Präsident war ein Mann mit einem Gürtel um die Brust. Wir kennen diesen Mann aus Offenbarung 1,13 ... Wer geistlich nicht ganz gesund war, wurde auf die Seite gestellt. Es handelte sich also um eine biblische Musterung, wer tauglich ist und wer nicht. Lydia hat durch Gottes Gnade bestanden. Die bei dieser Generalkontrolle durchkamen, wurden dann hinter das Gebäude geführt. Da war eine Kampfbahn, ein Sportfeld. Jeder hatte seine Kräfte zu zeigen und zu laufen ... Auch bei dieser Prüfung kam Lydia durch. Damit waren die Aufgaben der Generalkontrolle aber noch nicht beendet ... Was mit denen geschah, die nicht durchkamen, weiß Lydia nicht. Vergessen wir nicht, dass alle diese Kontrollen für Menschen auf dem schmalen Weg durchgeführt wurden. Da kann uns eine schreckliche Angst ankommen."[44]

Ja, da kann einen wirklich eine schreckliche Angst ankommen und sie sitzt vielen KSBlern so tief in der Seele, dass sie ihre Heilsgewissheit durch die KSB verloren haben, wenn sie eine solche überhaupt jemals vorher besaßen. Die Angst vor dem Verlust des Paradieses ist denn auch letztendlich die Kette, mit der jeder glühende KSBler an die Hauptzentrale in Südafrika angekettet ist.

Lydia war nun kurz vor dem Ziel. Alle Stationen und Prüfungen waren glücklich überstanden. Dann sah sie eine Gruppe weiß gekleideter Personen auf sich zukommen. Ihr Auftrag bestand darin, alle diejenigen, die die Prüfungen bestanden hatten, zu versammeln. Aber auch hier konnte man noch verloren gehen, wenn man sich ihnen nicht anschloss. Lydia schloss sich ihnen an und kam dann zum Ziel.

"Ein Engel stand an dem Eingang zum Paradies und streckte die Arme nach ihr aus. Die im Sterbezimmer versammelten Freunde hörten noch ihren letzten Ausruf: 'Da steht der Engel. Er heißt mich willkommen. Seht ihr ihn nicht? Da steht er doch!' Das war das Letzte, was sie sagte. Dann schloss sie die Augen und war tot ... Der Zeitpunkt ihres Todes war der 8. April 1973 mittags um drei Uhr."[45]

Nun war Lydia Dube im "Paradies" und berichtete nach ihrer Rückkehr ins irdische Leben hiervon. Warum sie nun nicht im "Paradies" bleiben konnte, wird wie folgt begründet: "Im Paradies rief Jesus Lydia zu sich und sagte ihr: 'Deine Freunde auf Erden weinen um dich. Ich will dich nochmals zurücksenden.'"[46]

Jeder unbefangene Gläubige, der die Visionen Dubes liest und die Bibel kennt, muss sich unweigerlich die Frage stellen, ob die Visionen göttlichen Ursprungs sein können. Abgesehen davon, dass der Glaubenskampf nicht erst dann beginnt, wenn die "große Kontrollstation" überstanden ist, so haben die Visionen Dubes einen bedrückenden und gnadenlosen Charakter. Hier wird das Ideal von einem perfekten und unfehlbaren Menschen auf dieser Erde aufgestellt. Aufgrund der Überbetonung des menschlichen Tuns und der eigenen Leistung (z. B.: "Jeder hatte seine Kräfte zu zeigen") ist mit großer Sicherheit anzunehmen, dass die Visionen Dubes nicht göttlicher Natur sind, denn das Evangelium betont im Gegensatz zum Tun des Menschen das Tun Gottes. Wir haben den Zugang zum Paradies nur durch den Glauben auf Grundlage des Blutes Jesu, und nicht durch unsere Werke. Es gibt in der Bibel kaum größere Gegensätze als die zwischen der Werkgerechtigkeit und der Glaubensgerechtigkeit. Hierzu zwei Bibelstellen:

> *Denn aus Gnade seid ihr selig geworden durch Glauben, und das nicht aus euch: Gottes Gabe ist es, nicht aus Werken, damit sich nicht jemand rühme. Denn wir sind sein Werk, geschaffen in Christus Jesus zu guten Werken, die Gott zuvor bereitet hat, dass wir darin wandeln sollen* (Eph. 2,8-10).

> *Ihr habt Christus verloren, die ihr durch das Gesetz gerecht werden wollt, und seid aus der Gnade gefallen* (Gal. 5,4).

Die Behauptung, dass Lydia im Paradies gewesen sei, muss aufgrund von mindestens zwei Aussagen stark bezweifelt werden. Koch schrieb: “Das Zentrum der Stadt war eine große Halle mit einem Thron. Auf diesem Thron, von dem eine unbeschreibliche Herrlichkeit ausging, saß Jesus. Alle beugten sich vor ihm, auch Lydia. Sie sagte: ‘Man konnte Jesus nicht ins Gesicht sehen, so hellglänzend war es. Wir beugten uns alle und schauten nach unten.’”[47]

Nach Lydias Bericht gleicht das Paradies dem Neuen Jerusalem aus Offenbarung 21 und 22. Vorausgesetzt, das Paradies ist mit dem Neuen Jerusalem identisch, hätte sie auch Jesus ins Gesicht schauen können, denn die Schrift sagt:

> *Meine Lieben, wir sind schon Gottes Kinder; es ist aber noch nicht offenbar geworden, was wir sein werden. Wir wissen aber: wenn es offenbar wird, werden wir ihm gleich sein; denn wir werden ihn sehen, wie er ist* (1. Joh. 3,2).

> *Und es wird nichts Verfluchtes mehr sein. Und der Thron Gottes und des Lammes wird in der Stadt sein, und seine Knechte werden ihm dienen und sein Angesicht sehen, und sein Name wird an ihren Stirnen sein* (Offb. 22,3-4).

Koch schrieb weiter: “Bevor Lydia den himmlischen Ort verließ, zeigte der Herr ihr eine große Kugel. Er erläuterte: ‘Die Menschen denken, sie könnten sich vor mir verstecken. Sieh einmal in diese Kugel hinein.’ Lydia tat es. Sie sah die ganze Erde. Die Menschen, winzig klein wie Ameisen, liefen herum … Nach diesem letzten Erlebnis im Paradies kam Lydia wieder zu sich.”[48]

Dass im Himmel mit den gleichen Methoden wie bei den Wahrsagern gearbeitet wird, kann nur glauben, wer nicht mehr zwischen Licht und Finsternis unterscheiden kann. Hierzu schrieb Alexander Seibel: “Nun gibt es keinen Fall in der Bibel, wo Frauen Gesichte haben. Auch die berühmte Stelle aus Joel 3,1-5, die in der Anwendung für unsere Zeit die Schlüsselstelle vieler Irrlehrer ist, zeigt hier einen ausdrücklichen Unterschied auf. Es steht eindeutig geschrieben (siehe auch Apg. 2,17), dass die Jünglinge Gesichte haben werden und die Söhne und Töchter weissagen. Wir haben in der Bibel Prophetinnen, aber keine Visionärinnen. Wir wollen hier nicht endgültig dogmatisch sein, doch sollte man von daher alle Berichte, die eine solche Quelle aufweisen, besonders kritisch prüfen. Die Kirchengeschichte kennt genug Beispiele, wie Irrlehren in die Gemeinde einbrachen, weil Frauen mit ihren Offenbarungen und Visionen durch die Lande reisten und ehrfurchtsvoll weiterempfohlen wurden. Frauen sind die besseren Medien. Das Starmedium in einem spiritistischen Zirkel ist deswegen immer eine Frau. Deswegen ging der Teufel an Eva heran und aus eben diesem Grunde untersagt Paulus der Frau das Lehren (1. Tim. 2,12-14)."[49]

Die Visionen Dubes lassen uns hinter die Kulissen der KSB schauen. Was sich hier zeigt, ist nichts anderes als das Wirken böser Geister! Aufgrund eines korrekt erscheinenden äußeren Auftretens der KSB fällt es schwer, dieser Tatsache ins Auge zu sehen. Doch Hinweise hierfür lieferte Koch an vielen Stellen selbst. So auch hier: "Beim Beten erkannte Lydia zwei Zulus. Das Erkennen erfolgte auf eine übersinnliche Art. Ihre Gesichter konnte Lydia nicht erkennen. Es war auf dem ganzen Weg jenseits des irdischen Lebens ein Merkmal, dass eine neue Form der Mitteilung existierte."[50] Diese "neue Form der Mitteilung" ist Spiritismus in Reinkultur. Koch gab in seinem Buch über Lydias Visionen eine treffende Erklärung für das ab, was Spiritismus ist: "Können diese umherschwirrenden Geister ein Gefühl des Friedens, der Freude hervorbringen und Lichterlebnisse inszenieren? Ja, das können sie.

Es liegen mir viele Erlebnisse von ehemaligen Spiritisten vor, die meinen Rat suchten. Sie bekannten, dass diese Geister sogar fromm reden und zum Beten auffordern können. Sie geben sich sehr mo-

ralisch, nur damit sie Glauben finden und verführen können. Ein früheres Medium, Victor Ernst, der das Buch geschrieben hat 'Ich rede mit Geistern', bezeugte: *'Die Geister, denen ich in spiritistischen Sitzungen begegnete, gaben sich in den meisten Fällen sehr moralisch'* (Hervorhebungen durch den Verfasser)."[51]

Diese Darstellung Kochs klingt fast wie ein Schuldeingeständnis oder wie ein internes Streitgespräch mit Dube. Was Koch letztendlich dazu veranlasste, die Visionen Dubes als göttlich und biblisch darzustellen, kann aufgrund seines Unfalls 1987, der tödlich endete, wohl nur noch vermutet werden. Er, der wie kein anderer um okkulte Verstrickungen und Spiritismus besonders unter Schwarzen wusste und über 150 okkulte Strömungen aufdeckte, versuchte nun, der Christenheit Dubes Visionen als göttliche Wahrheit anzupreisen. Dies ist vermutlich eines der erschütterndsten Dokumente endzeitlicher Verführung. Alexander Seibel schrieb dazu: "Doch war mir die Tatsache, solche Berichte bei Dr. Koch zu lesen, richtig erschreckend. Hat doch dieser Mann früher und in gewisser Hinsicht heute noch wirklich den Schwarmgeist bekämpft und dem Teufel Schaden zugefügt, und viele seiner Bücher sind Leuten zum Segen geworden … Insofern passen also, von den Warnungen der Wiederkunftskapitel der Schrift her gesehen, solche Entwicklungen, solche Erlebnisse, Zeichen und Wunder, nahtlos in das Bild der Endzeit mit ihrem beängstigenden Irrationalismus und Mystizismus."[52]

Wie sieht die KSB in Deutschland aus?

Die deutsche KSB spielt die stärkste Rolle für die Ausbreitung der KSB-Ideologie in Europa. Sie ist der zentrale Brückenkopf nach Südafrika und fördert den verhängnisvollen Einfluss Stegens in vielen Kirchen und Gemeinden Europas. Sie organisiert u.a. Vortragstouren mit Erlo Stegen, bei denen teilweise auch der KSB-eigene "Euro-Chor" auftritt. Die Vortragstouren finden quer durch Deutschland und in europäischen Nachbarländer statt. Auffallend bei vielen Veranstaltungen ist der sehr hohe Prozentsatz russlanddeutscher Besucher.

Die Entstehungsgeschichte der deutschen KSB wird in der Vorstellungsschrift "Mission Kwasizabantu Deutschland" folgendermaßen geschildert: "Durch Vorträge und Predigten in vielen Kirchen und Einrichtungen in Deutschland ist das Werk auch hier zu Lande seit über 25 Jahren bekannt. Mit der Zeit entstanden an verschiedenen Orten Freundeskreise, die die Missionsarbeit in Südafrika unterstützen und sich schließlich zusammenschlossen. Daraus wurde 1994 eine freie evangelische Gemeinschaft mit Mitgliedern im ganzen Bundesgebiet, die unter anderem Hilfsprojekte für christliche Gemeinden im südlichen Afrika sowie in Osteuropa organisiert und durchführt, wozu Werkmissionare für soziale, pädagogische und handwerkliche Tätigkeiten ausgesandt werden. Die Mission Kwasizabantu gibt es in mehreren europäischen Ländern wie Frankreich, Schweiz, Belgien, Niederlande, Ungarn, Rumänien. In Deutschland ist die Mission Kwasizabantu in drei Vereinen organisiert: Norddeutschland, Süddeutschland und Nordrhein-Westfalen."[53]

Am 9. Mai 1998 fand ein Tag der offenen Tür in der neu gegründeten "Konferenz- und Begegnungsstätte Haus Lindach" in Schwäbisch Gmünd statt. Das Gebäude wurde von einer

Werkzeug- und Formenbau GmbH erworben und ist Sitz von fünf verschiedenen Gruppierungen, die alle in geistiger Abhängigkeit zur südafrikanischen KSB stehen:

- Mission Kwasizabantu e.V. (seit 1999 Mission Kwasizabantu Süddeutschland e.V.)
- Christen für die Wahrheit (CFT)
- Aktion: Wahre Liebe wartet
- Bibel- und Schriftenmission Dr. Kurt E. Koch e.V.
- Domino Servite Schule

Der Träger des gesamten Anwesens ist die IMMOVA GbRmbH. Beim Tag der offenen Tür wurden die einzelnen Gruppen der Öffentlichkeit vorgestellt. Mit zum Programm gehörte auch ein Pantomimestück, ein Zululied und ein Diavortrag über die Mission Kwasizabantu in Südafrika.

Die süddeutsche KSB mit Sitz in Schwäbisch Gmünd, Ortsteil Lindach, war die treibende Kraft für die Entstehung der deutschen KSB. Sie ging 1985 aus einer abgespaltenen Gruppe des Evangelischen Brüdervereins und der "Mission Wort der Wahrheit" hervor. Die Vorgeschichte für die Entstehung der deutschen KSB ist von historischer Bedeutung.

Einer der Gründungsväter der deutschen KSB ist Martin Rost. Rost war zunächst ca. 20 Jahre Missionar in Papua Neuguinea und anschließend Präsident des Evangelischen Brüdervereins in Deutschland. Durch Vortragstouren mit Erlo Stegen und durch seinen Freund Günther Zick aus Sechselberg (Zick leitet das Missionswerk "Hilfe am Nächsten" und war in den 80er Jahren öfters in Kwasizabantu) kam Rost in Verbindung mit Stegen. Die Vortragstouren mit Stegen wurden maßgeblich von Dr. Koch organisiert. Koch war für viele Christen damals aufgrund seiner Bücher eine vertrauensvolle Integrationsfigur. Durch sein Buch "Gott unter den Zulus" öffnete Koch viele Türen der evangelikalen Welt für Erlo Stegen. So war es kein

Problem, in den Einflussbereich Stegens zu gelangen. Wie gefährlich solche Integrationsfiguren werden können, sehen wir leider an Dr. Kurt E. Koch.

Rost setzte die Gläubigen durch seine Verkündigung zunehmend unter massiven Druck. Nach seinem Verständnis hatte sich im Evangelischen Brüderverein Sünde etabliert, die eine Erweckung verhinderte. Er fühlte sich durch den Geist Gottes dazu berufen, Sünde zu offenbaren und zu strafen. Doch der Einfluss Erlo Stegens war nicht zu übersehen. Während einer Brüderkonferenz des Evangelischen Brüdervereins in Vaihingen Anfang der 80er Jahre ließ Rost ein Tonband mit einer langen Rede von Erlo Stegen ablaufen. Bereits 1983 bekannte er sich in einer öffentlichen Veranstaltung zu Erlo Stegen und offenbarte, dass er sich in seiner Verkündigung durch Stegen bestätigt sehe. So wurde auch bei Rost die Sünde zum zentralen Inhalt der Verkündigung. Er hatte den Mut, Sünde beim Namen zu nennen (und dies soll hier nicht kritisiert werden), doch er erkannte nicht, dass seine einseitige Verkündigung die Gläubigen wieder unter das Gesetz und damit weg von Jesus Christus führte.

Die Verkündigung von Rost stieß auf großen Widerstand der Gemeindebasis. Die Auseinandersetzungen im Evangelischen Brüderverein Anfang der 80er Jahre schließen uns ein wichtiges Kapitel in der Geschichte der Gemeinde Jesu auf, das sich in ähnlichen Varianten ständig wiederholte und auch heute noch wiederholt. Es ging im Kern um die Fragen: Können wir ein sündloses Leben führen? Ist Erweckung durch Menschen machbar? So, wie sich bereits Stegen als Auslöser der Erweckung in Mapumulo sah, so war auch Rost der Überzeugung, dass durch ihn eine Erweckung in Papua Neuguinea ausgelöst wurde. Eine solche Erweckung wollte Rost auch im Evangelischen Brüderverein herbeiführen, doch viele Geschwister durchschauten den falschen Ansatz. In einem Brief vom 07.01.1983 schrieben eine ganze Reihe von Geschwistern aus dem Evangelischen Brüderverein an dessen Brüderrat. Dort heißt es: “Wir schreiben diese Zeilen nicht leichtfertig, sondern aus einer inneren Not heraus, weil wir Angst um das Weiterbestehen des Ev. Brüdervereins in Deutschland haben! Dieser Brief möge jedem von Euch vor Augen stellen, dass es im Moment nicht mehr um eine mit allen Mitteln krampfhaft erhoffte Erweckung geht, sondern dass die Weichen gestellt werden, um ein Auseinanderfallen des Vereins zu verhindern. Mit anderen Worten, dass anstelle einer Erweckung ein Scherbenhaufen übrig bleibt."[54]

Die Spannungen spitzten sich immer mehr zu. Durch das mutige und entschiedene Eintreten einzelner verantwortlicher Brüder konnte größeres Unheil noch verhindert werden. Martin Rost wurde 1985 schlussendlich durch das deutsche Komitee und den Brüderrat vor die Wahl gestellt, entweder seine Verkündigung zu ändern oder zu gehen. Rost ging und wurde der deutsche Leiter der KSB. Eine Schar von Gläubigen aus dem Evangelischen Brüderverein folgte Rost ins Lager der KSB. Unter ihnen war auch Georg Grau, der heutige Leiter der süddeutschen KSB und Generalsekretär von "Christen für die Wahrheit".

Hätte es keine Trennung gegeben, so wäre der deutsche Evangelische Brüderverein heute mit großer Wahrscheinlichkeit eine KSB-Gruppierung. Dies macht anschaulich, wie wichtig in vielen Fällen eine Trennung ist. Paulus lehrte in klaren und deutlichen Worten die Trennung von Menschen, durch deren Einfluss sich unbiblische Lehre in der Gemeinde ausbreitet:

> *Ich ermahne euch aber, liebe Brüder, dass ihr euch in Acht nehmt vor denen, die Zwietracht und Ärgernis anrichten entgegen der Lehre, die ihr gelernt habt, und euch von ihnen abwendet* (Röm. 16,17).

> *Wenn nun jemand sich reinigt von solchen Leuten, der wird ein Gefäß sein zu ehrenvollem Gebrauch, geheiligt, für den Hausherrn brauchbar und zu allem guten Werk bereitet* (2. Tim. 2,21).

Was macht dagegen unsere evangelikale Christenheit? Sie sucht die Vereinigung mit den Anhängern der Bileams, Nikolaiten und Isebels (s. Offb. 2)!

Wenn Jesus einigen Gemeinden damals mitteilen ließ, dass sie den Einfluss von Verführern und Irrlehrern in der Gemeinde nicht tolerieren dürfen, so heißt es heute: “Lasst uns tolerant sein und mit ihnen zusammenarbeiten. Liebe eint, Lehre trennt.” Doch das göttliche Gericht über diese Vereinigungserfolge ist schon längst niedergeschrieben und sollte neu bedacht werden:

> *Ihre Kinder will ich mit dem Tode schlagen. Und alle Gemeinden sollen erkennen, dass ich es bin, der die Nieren und Herzen erforscht, und ich werde geben einem jeden von euch nach euren Werken* (Offb. 2,23).

Ende 1998 traten starke Spannungen innerhalb der deutschen KSB auf, die sich Anfang 1999 zuspitzten. Unter den Leitern gab es keine Einigkeit mehr. Auf Veranlassung von Friedel Stegen wurde die deutsche KSB daraufhin in drei regionale Vereine aufgeteilt. Insider vermuten, dass hierdurch eine gezieltere Steuerung durch die südafrikanische Hauptzentrale erfolgen sollte. In einer Zusammenkunft in Lindach, bei der auch Friedel Stegen anwesend war, gab es dann einen Eklat. Martin Rost wurde von Friedel Stegen aufgefordert, sich von einigen seiner Kinder zu trennen, weil sie u.a. wegen Verstoßes gegen die internen Kleiderbestimmungen in die Ungnade des Systems gefallen waren. Es folgte ein offener Schlagabtausch, bei dem ein Mitarbeiter Friedel Stegen Methoden der Diktatur vorwarf. Damit war das Vertrauen in die Stegens erschüttert und dies traf ihre Anhänger am zentralen Nervensystem. In einem kurz darauf verfassten Brief von Hans Koller, dem Leiter der Schweizer KSB, an die Leitung der deutschen KSB wurde u.a. Folgendes geschrieben: “Du, lieber Onkel Martin, bist mir und meiner Familie schon vor Jahren ein großer Segen gewesen …

Um so mehr haben uns, mich persönlich und die Schweizer Geschwister, die Geschehnisse der letzten Zeit verunsichert und befremdet, besonders aber die unklare Stellungnahme deinerseits, die wir bisher von dir nicht gewohnt waren. Wie Du schon weißt, ging die Kunde davon über die deutsche Grenze und es kamen Geschwister zu mir mit der Frage: 'Lässt der Standard nach, wird die Fahne des Evangeliums gesenkt von der Höhe, wie sie uns die Erweckung gebracht hat?' Diese Fragen, die uns in der Schweiz bewegen, wollen wir Dir, Onkel Martin, und Euch, den Verantwortlichen der Mission KSB Deutschland, stellen und um klare Stellungnahme bitten. Bis dahin bleibt das von mir in Lindach Gesagte bestehen: 'Wir haben uns von Euch getrennt, solange die Betroffenen sich nicht bekehren, Buße tun und alles wieder in Ordnung bringen.' ... Wir hoffen und bitten Euch von ganzem Herzen, liebe Brüder, dass Ihr Euch bekehrt, dass Ihr Euch klar und sichtbar von diesen Sachen trennt."[55]

Doch statt sich von seinen Kindern zu trennen, trennte sich Rost von der KSB. In kurzer Zeit verließen über 100 Mitglieder die deutsche KSB. Günther Bareiß, Schwager von Martin Rost und bis dahin Präsident von Christen für die Wahrheit (CFT), trat 1999 ebenfalls aus der KSB aus und gab auch sein Präsidentenamt bei der CFT ab. Sein Kommentar dazu gegenüber dem Verfasser: "Man darf nicht widersprechen. Nur was Südafrika sagt, zählt." Auch der Vizepräsident der CFT, Karl-Heinz Wicker, der gleichzeitig auch Gemeindeleiter einer KSB-Gemeinde in Limburg war, trat zurück und gab alle Ämter ab.

In mehrstündigen Gesprächen und einer ausführlichen Ausarbeitung über die Theologie der KSB versuchte der Verfasser im März/April 2000 Georg Grau u.a. auf die Schieflage der Methode und Lehre Stegens und der Visionen Dubes hinzuweisen. Während dem Gesprächspartner die Visionen Dubes völlig unbekannt waren, zeigte er sich über einige Aussagen Stegens irritiert und befremdet. Ansonsten stellte er sich ganz hinter das theologische Lehrgebäude Erlo Stegens und lehnte eine größere Unabhängigkeit zu den Stegens und ihrer südafrikanischen Mission ab.

Wie sieht nun die Verkündigung in der deutschen KSB heute aus? Bei einem beliebig ausgewählten Besuch eines Gottesdienstes in der Mission Kwasizabantu in Schwäbisch Gmünd am 9. Januar 2000 predigte ein Zulu, der von einem deutschen Bruder übersetzt wurde. Die Predigt dauerte 70 Minuten und handelte von Zachäus (Lk. 19,1-10). Von den 70 Minuten wurde in ca. 25 Minuten die Geschichte frei nacherzählt und in ca. 45 Minuten über Sünde und Sündenbekenntnis gepredigt.

Auffällig war, dass die ca. 200 Besucher fast ausschließlich russlanddeutsche waren und (dem Autokennzeichen nach) überwiegend weite Strecken zurücklegten. Bei einem anschließenden Gespräch mit einem russlanddeutschen Bruder, der zusammen mit seiner Familie vor zwei Jahren seine russlanddeutsche Heimatgemeinde verließ, zeigte sich eine unkritische Begeisterung für Erlo Stegen. Nach dem Grund seines Gemeindewechsels gefragt gab er an, dass in seiner alten Gemeinde viele Christen nach ihrer Taufe weiterhin in Sünde leben würden und er daher die Verkündigung der KSB vorziehe. Diese Begründung offenbart eine große Not vieler Gemeinden: Traditionschristentum! Oberflächliche Bekehrungen, zu frühe Taufen und die bloße Einhaltung der Gemeindeordnung machen noch kein Christsein aus. In vielen Gemeinden und Kirchen gibt es zudem heute nur noch eine Sünde, und zwar die, nicht ökumenisch zu sein. Da wirkt ein Verkündigungsstil, der die ganze Palette der Sünde zum zentralen Inhalt hat, wesentlich ernsthafter. Wenn aber die Sündenerkenntnis nicht zu Christus und seinem Erlösungswerk führt, sondern zu einer ständigen Selbstbetrachtung, dann wird dies in Gesetzlichkeit enden. In beiden Fällen ist das Ziel verfehlt.

Welche Auswirkungen werden in der KSB beobachtet?

Die stärksten Auswirkungen der KSB sind Angst, Bindung an KSB-Verantwortliche, soziale Isolation, geistliche Unmündigkeit und ein völlig verkürztes Heiligungs- bzw. Glaubensverständnis.

Die Erzeugung von Angst ist bei vielen Gruppierungen eine ganz entscheidende Methode, um Menschen in seelischer und geistiger Abhängigkeit zu halten. So bauen auch die Zeugen Jehovas mit dieser Methode eine hohe Mauer um ihre Mitglieder. Die Angst, bei der Schlacht von Harmagedon (Offb. 16,16) für ewig vernichtet zu werden, sitzt jedem Zeugen Jehovas tief in der Seele. Und die Vernichtung wird jedem angedroht, der sich von dem System trennt. Die Insider fühlen sich zunächst durch die hohen Mauern geborgen und sicher, weil sie in der vermeintlich einzig richtigen und göttlichen Organisation sind. Sie erkennen aber nicht, dass sie in einem System gefangen gehalten werden, dem sie fortan knechtisch dienen müssen. Sollten sie diesem später zu entfliehen suchen, werden die Türen über den Schlüssel der Angst blitzschnell verriegelt. Falls einem Aussteiger dennoch die Flucht aus dem System gelingt, muss er noch den tiefen Graben der sozialen Isolation und Einsamkeit überwinden, weil er sich als Zeuge Jehovas von allen "Ungläubigen" getrennt hatte. Wie stark die Persönlichkeitsschäden unter ehemaligen Zeugen Jehovas sind, kann man daran erahnen, dass viele nach ihrem Ausstieg aus der Organisation aufgrund von Schlafstörungen und Depressionen in psychiatrische Behandlung kamen und sogar Selbsthilfegruppen gründeten, um der Angst und sozialen Isolation zu entfliehen.

Angst spielt auch in der KSB eine wichtige Rolle. Es ist die Angst, verloren zu gehen, wenn man nicht alle Sünden bekannt, fortan ein sündloses Leben gelebt und alle Prüfungen bestanden hat. Somit finden immer und immer wieder Beichtgespräche statt, um dieser Angst zu entfliehen.

Wie mit der Angst gearbeitet wird, macht z. B. Rundbrief Nr. 128 der “Bibel- und Schriftenmission Dr. Kurt E. Koch e.V.”, dem publizistischen Organ der KSB, deutlich. Das Titelbild zeigt ein Gemälde von Hans Memling mit dem Namen “Das jüngste Gericht”. Auf dem Bild[56] werden Menschen dargestellt, die in die Hölle geworfen und von teuflischen Wesen gepeinigt werden. Die Flammen im Hintergrund färben das Bild in rot. Es folgt ein Bericht über 4 ½ Seiten von John Reynolds mit dem Erlebnisbericht eines scheintoten Diebes, der in der “Hölle” war und dann wieder zurückkam. Es sind die Visionen aus der Hölle und bilden das Gegenstück zu den Visionen Dubes. Ausführlich werden die Begegnungen mit den teuflischen Mächten geschildert, die in ihrer Grausamkeit kaum noch zu übertreffen sind.

Natürlich handelt nicht jeder der KSB-Rundbriefe von Hölle und Angst, aber dieser Rundbrief behandelt ein zentrales Thema der KSB, das sich wie ein roter Faden durch die ganze Bewegung zieht.

In einer Warnschrift über die KSB, herausgegeben von Friedemann Bottesch, nennt Ralf Daubermann folgende Auswirkungen:

1. Ein neues Bewusstsein
2. Ausschließlichkeitsanspruch
3. Auflösung der Autorität der Heiligen Schrift
4. Das eigene untadelige Leben steht im Mittelpunkt
5. Beschränkung auf ethisch-moralische Untadeligkeit
6. Öffentliches Auftreten bzw. Lehren von Frauen
7. Bekennen von Sünden vor “Seelsorgern” als Grundregel
8. Sündenbekennen als Routinehandlung
9. Lehrmäßiges Schwergewicht auf persönlicher Heiligung

10. Relative Geringschätzung der geistlichen Bruderschaft mit allen Nachfolgern Jesu
11. Unkritische Stellung zur Kirche
12. Staatsfreundlichkeit
13. Hang zum Bildhaften
14. Hang zum Wallfahrertum
15. Missverständnis über das Wesen der Gesetzlichkeit [57]

Einige Punkte seien hier näher erläutert:

Zu Punkt 1 (Ein neues Bewusstsein) heißt es: "Wer zu einem überzeugten Kwasizabantu-Anhänger geworden ist, ist es voll und ganz, mit Haut und Haaren sozusagen. Sein Leben, seine Sicht vom Evangelium und vom Weg des Christen in der Welt hat eine radikale Wende genommen. Selbst wenn er bereits Jahrzehnte im Glauben war, all dies bedeutet mit einem Mal fast nichts mehr. Jetzt erst, so meint er, habe er das Wahre wirklich gefunden."[58]

Zu Punkt 2, 3 und 10 (Ausschließlichkeitsanspruch, Auflösung der Autorität der Heiligen Schrift, relative Geringschätzung der geistlichen Bruderschaft mit allen Nachfolgern Jesu): Die KSBler sind der Überzeugung, dass Gott Erlo Stegen gebraucht hat, um eine Erweckung wie zu Pfingsten zu schenken. Nur wer mit dieser Pfingsterweckung in Verbindung gerate, habe einen höheren und geistlicheren Standard als alle anderen Christen. Aus diesem Grund werden Erlo Stegen und alle, die mit ihm verwandt sind oder leitende Positionen in der KSB einnehmen, als besonders geistliche Personen verehrt. Das starke, selbstbewusste und autoritäre Auftreten Erlo Stegens und die Meinung, er habe göttliche Autorität, führt dazu, dass die KSBler der KSB-Leitung voll vertrauen und folgen. Ob das "Evangelium" der KSB überhaupt dem biblischen Evangelium entspricht, wird daher nicht näher geprüft. Kritische Anfragen bezüglich unbiblischer Verkündigung und Praxis werden von den KSBlern entweder als teuflischer Angriff verstanden oder mit dem Satz beantwortet: "Ich bin aber durch die KSB sehr gesegnet worden." Dass hier die Fähigkeit einer geistlichen Prüfung anhand der Bibel auf der Strecke geblieben ist und die Beurteilung nur noch auf der Erlebnisschiene erfolgt, scheint die KSBler nicht sonderlich zu beeindrucken. Ganz im Gegenteil: Der Kontakt zu den Stegens, der Besuch in Südafrika und die Begegnung mit der vermeintlichen Pfingsterweckung hat sie allen kritischen Anfragen gegenüber erhaben gemacht. Daubermann schreibt dazu: "Der gesamte Mensch wird so eingenommen, dass für ihn eigentlich nur noch die Kwasizabantu-Bewegung übrig bleibt, in welcher das wahre Leben aus Gott gelebt und vermittelt wird … Geschwister, die zu Kwasizabantu-Anhängern geworden sind, scheinen die Gläubigen im Wesentlichen in zwei Gruppen einzuteilen: Solche, die zur Kwasizabantu-Bewegung gehören, und der Rest, der nicht dazugehört bzw. nicht dazugehören will. Die Unterschiede zwischen diesen beiden Gruppen könnte man folgendermaßen umreißen: Die einen haben die Wahrheit, die anderen nicht. Die einen haben den Sieg, die anderen nicht. Die einen stehen im Segen Gottes, die anderen nicht, usw. Ein überzeugter Kwasizabantu-Anhänger sieht, denkt und empfindet fast nur in diesem Zwei-Kategorien-System, einem Entweder-oder-Schema."[59]

Zu Punkt 7 und 8 (Bekennen von Sünden vor "Seelsorgern" als Grundregel, Sündenbekennen als Routinehandlung) schrieb Bottesch 1993 Folgendes: "… Diesen Ausführungen eines mir bekannten Bruders sollen noch einige Zeilen angefügt werden, die mir eine Schwester in einem Brief geschrieben hat: 'Erlo Stegen, Sechselberg (gemeint ist Günther Zick, Anmerkung des Verfassers) usw. binden Menschen durch die Seelsorge an Menschen, denn sie sagen (wie auch zu mir damals): Wenn du gesündigt hast, hört dich Gott nicht, denn Gott hört die Sünder nicht …, darum musst du zu jemand gehen, der für dich zum Herrn betet. Bin ich aber wiedergeboren und Gottes Kind, wird mich Gott immer hören … Ich war zwei Monate in Kwasizabantu, habe nicht ein Abendmahl erlebt, nicht eine Taufe

… So durfte auch ich wieder aus diesen Irrtümern herausfinden, die mich beinahe umgebracht hätten.'"[60]

Nach Aussage eines glaubwürdigen Zeugen predigte ein führender Mann der deutschen KSB: "Sage nicht, du seist wiedergeboren, wenn noch eine Sünde in deinem Leben ist." Es liegt auf der Hand, dass ungefestigte Christen dieser Suggestion unterliegen und in eine Beichtabhängigkeit geraten. Dem Verfasser liegen Informationen vor, dass in der KSB-Beichte auch die intimsten Angelegenheiten ausgefragt werden. Die "Seelsorger" sind für fast alle Lebensbereiche zuständig. Auch die Eheanbahnung läuft über sie. Die unbiblische Praxis der Brautwerbung in der KSB beschrieb der Südafrikaner Dr. Colin Peckham ausführlich. In einem Abschnitt daraus heißt es: "Wenn bekannt ist, dass ein Mann und eine Frau ein Interesse aneinander haben, dann dürfen sie von diesem Moment nichts mehr miteinander reden. Sie sprechen nicht miteinander, und sogar, wenn sie in Begleitung sind, wird erwartet, dass sie nicht miteinander kommunizieren."[61]

Da es Verliebten und Verlobten untersagt ist, sich unbeaufsichtigt zu treffen oder miteinander zu reden, läuft der Kontakt zwangsläufig über die "Seelsorger". Diese Art der Bevormundung beantwortet auch die Frage nach der Funktion der "Seelsorger". Die Bindung der KSBler an die "Seelsorger" gibt der KSB-Führung die totale Kontrolle über ihre Anhänger.

Zu Punkt 11 (Unkritische Stellung zur Kirche): Die KSB ist besonders durch ihre Tochterorganisation CFT ideologisch mit der evangelischen Kirche verbunden. An dieser Verbindung hatten Prof. Beyerhaus und Dr. Kurt E. Koch als Mann der Kirche maßgeblichen Anteil. Innerhalb der evangelischen Kirche und ihrer näheren Umgebung gibt es namhafte Freunde Stegens, deren Stimmen in der evangelikalen Szene großen Einfluss haben. Es liegt die Vermutung nahe, dass die KSB ihren Einfluss durch diese Beziehungen ausbreiten möchte.

1992 fand in Kwasizabantu die 4. Pfarrkonferenz statt, an der u.a. Prof. Beyerhaus teilnahm. Bei dieser Konferenz wurde eine Erklärung über eine verbesserte kirchliche Richtung abgegeben. Diese Erklärung wurde von über 1.000 Pfarrern und kirchlichen Leitern sowie mehreren Tausend Christen unterschrieben und gilt als das meistunterstützte Dokument in Südafrika. In dem Rundbrief 119 der Bibel- und Schriftenmission Dr. Kurt E. Koch heißt es: "Die Resonanz dieses Bekenntnisses ist hier im Land unwahrscheinlich groß. Tausende von Christen erklärten sich durch ihre Unterschrift damit solidarisch. Die Medien erhielten einige hundert Zuschriften, und es fanden im Fernsehen (TV1) Diskussionen über die behandelten Themen statt, zu denen verschiedene Mitarbeiter von Kwasizabantu und CFT als Diskussionspartner eingeladen waren. Auf diese Weise verschaffen sich die Gläubigen Gehör, und es wird nicht leicht sein, diese Stimmen zum Schweigen zu bringen."[62]

Zu Punkt 12 (Staatsfreundlichkeit): Erlo Stegen versteht es, Einfluss auszuüben. So tritt er nicht nur als Redner in Politveranstaltungen auf (z. B. am 23.04.88 beim öffentlichen Bundesparteitag der katholischen "Christlichen Liga" in Worms zum Thema: Südafrika – Apartheid oder Kommunismus?), sondern ist mehr in die Politik verwickelt, als es viele KSBler wahrhaben wollen. Ein ehemaliger Mitarbeiter, der auch Radiosendungen in Südafrika erstellte, berichtete dem Verfasser davon, dass Stegen ihn derart massiv mit der Ideologie der Apartheid beeinflusst hätte, dass seine außenstehenden Bekannten ihn wegen seines Meinungswandels darauf hinwiesen, offensichtlich durch eine Gehirnwäsche gegangen zu sein.

Nach Information von Aussteigern wurde bekannt, dass Stegen mit dem Geheimdienst der südafrikanischen Apartheidsregierung zusammengearbeitet hat. In einem veröffentlichten Bericht heißt es hierzu: "Der Geheimdienst der weißen Regierung hatte nach Aussagen der Aussteiger großes Interesse an öffentlichen Sündenbekenntnissen, wie sie auf Kwasizabantu auch von Anti-Apartheids-Aktivisten abgelegt wurden. Solchen Bekenntnissen seien manchmal Verhöre gefolgt, die in einigen Fällen zur Verhaftung von Mitgliedern der Vereinigten Demokratischen Front (UDF) und des Afrikanischen Nationalkongresses (ANC) geführt hätten. Die Bekenntnisse seien an Colonel Tobie Vermaak in Greytown weitergeleitet worden. Als Gegenleistung seien in den achtziger Jahren Missionsreisen der Prediger und des Evangelisationschores von Kwasizabantu mit Geld und kostenlosem Transport in Militärmaschinen unterstützt worden."[63] In einem Telefongespräch mit einem hochrangigen Ex-Mitarbeiter der südafrikanischen KSB wurde dem Verfasser die Verwicklung der Stegens mit dem Geheimdienst bestätigt und dabei ergänzt: "Die Stegens sind die geborenen Diktatoren. Wenn sie mehr Macht hätten, würden sie auch einen ganzen Staat unterwandern."

Zu Punkt 14 (Hang zum Wallfahrertum): Ein Mann, der bei Erlo Stegen in Südafrika war, nannte Kwasizabantu aufgrund der großen Besucherströme die "evangelikale Pilgerstätte". Erfahrungen und Erlebnisse, die merkwürdigerweise fast ausschließlich in Kwasizabantu gemacht werden, sind wie bei anderen scheinchristlichen Verführungsbewegungen von entscheidender Bedeutung. Für alle seelsorgerlichen Probleme und biblischen Bedenken gegen die KSB gibt es von überzeugten KSBlern daher ein Pauschalrezept: *"Ins Flugzeug mit ihm und ab nach Kwasizabantu. In Europa kann ihm scheinbar nicht geholfen werden."*[64]

Das erklärt auch, warum der überwiegende Teil der weltweiten KSBler mindestens einmal in Kwasizabantu war. Der dort empfangene "Segen" scheint die Christen tiefgreifend zu verändern.

Die aufgeführten Punkte lassen sich ergänzen oder anders formulieren. In einem Fax eines Christen aus Südafrika, der die KSB seit über 20 Jahren kennt, wurden dem Verfasser 4 Fragen genannt, die sich KSBler stellen sollten:

- "Ist Beichte jeder einzelnen Sünde Voraussetzung für Vergebung?
- Daraus resultiert die zweite Frage nach der Heilsgewissheit. Gibt es solche, oder ist sie in Frage gestellt, weil ein Christ sündigen und ohne Sündenbekenntnis sterben könnte?
- Wie bindend sind menschliche Ansichten, zum Beispiel über Beziehungen von Menschen, die sich lieben und heiraten möchten. Können sie miteinander reden und zusammen ausgehen, um sich kennen zu lernen, oder müssen sie distanziert bleiben bis zum Tag ihrer Hochzeit?
- Welche Haltung wird gegenüber anderen Gemeinden und Kirchen eingenommen? Werden sie als Teil des Leibes Christi gesehen oder hat KSB allein das 'Licht'?"[65]

KSB - ein System des Missbrauchs?

In der Vergangenheit wurden die Stegens immer wieder zur Buße und Korrektur bezüglich ihrer unbiblischen Lehre und Praxis aufgerufen – ohne Erfolg. Dies lässt befürchten, dass es sich bei der KSB nicht einfach nur um eine Fehlentwicklung mit einem guten Anfang und Kern handelt, sondern um ein zielgesteuertes System des Missbrauchs.

Als im März 2000 ein längerer Artikel über die Vorgänge innerhalb der KSB von IDEA veröffentlicht wurde, hieß es bezeichnenderweise: "Friedel Stegen und Pressesprecher Kjell Olsen bestreiten gegenüber idea sämtliche Vorwürfe."[66] Die Vorwürfe behandelten folgende Punkte:

- Autoritäres Auftreten der Stegens, die keinerlei Kritik an ihrem Führungsstil dulden
- Zusammenarbeit mit der Apartheidsregierung und Weiterleitung von "Sündenbekenntnissen" an Sicherheitskräfte
- Brutalität, mit der Kinder in der Domino Servite School geschlagen wurden
- Druck, sich von Familienangehörigen zu trennen
- Betrug, Lügen und Rufmord
- Ungeklärte kriminelle Vorfälle auf der Missionsstation (z. B. wurde 1989 ein Junge von seinem Vater zu Tode geprügelt. Die Polizei ging dem Vorfall nicht nach)
- Strenge Gesetzesauflagen
- Extreme Regeln für Menschen mit Heiratsabsichten (den Verlobten ist es streng untersagt, ohne Aufsicht zusammen zu sein)
- Verdrängung von Problemen
- Kontrolle von Mitgliedern durch den Austausch von Seelsorgegesprächen

In anderen Presseveröffentlichungen über die schweren Vorwürfe gegen Erlo und Friedel Stegen und KSB wie z. B. in TOPIC heißt es unisono: "Die KSB-Missionsleitung in Südafrika weist in Presse-Erklärungen alle Vorwürfe zurück und bezeichnet sie als Halb- und Unwahrheiten."[67]

Es macht doch sehr nachdenklich, dass viele Zeugen und ehemalige KSBler die Vorwürfe bestätigen, während die KSB-Verantwortlichen diesen Zeugen vorwerfen, die Unwahrheit zu sagen.

Es kamen längst noch nicht alle Missstände ans Licht. So ist z. B. ein riesiger Finanzskandal noch weitgehend unbekannt: Der Kauf einer Diamantenmine in Südafrika, der ein großer Flop wurde. Friedel Stegen warb unter den KSBlern mit spektakulären Renditen für die Geldanlage in diese Diamantenmine. Die Gelder wurden auf dubiose Konten eingezahlt und verschwanden in dunklen Kanälen. Einige Millionen DM versickerten auf diese Weise. Manche KSBler nahmen sogar Kredite auf und sitzen nun auf einem Schuldenberg.

Das Werk einer Schwerverbrecherin ist Lydia Dubes selbstinszenierte Entführung. Im Juni 2000 informierten Trevor Dahl und Barney Mabaso einige deutsche Freunde hierüber. Demnach ließ sich Dube im September 1997 gegen Bezahlung von ca. 4.000 Rand von einer Sicherheitsfirma entführen. Dabei sollte ihre Leibwächterin Fikile Mkhabela ermordet werden, weil sie sich mit ihr nicht verstand und eine andere KSBlerin die Leibwächterin von Dube werden wollte. Durch eine Verwechslung wurde bei der Entführung aber nicht Fikile, sondern Thobekile Mhlongo das Opfer. Man fand sie mit schweren Kopfverletzungen auf der Straße liegend. Doch sie überlebte. Seither hat sie ihr Gedächtnis verloren und muss ständig Medikamente nehmen. Dube gab nach langem Leugnen dieses Jahr zu, die Entführung geplant zu haben. Stegen wusste mindestens seit 1998 von dem Verbrechen, versuchte aber seitdem, dieses zu verschleiern. Als es nun doch ans Licht kam, trennte sich Barney Mabaso, ein führender KSB-Leiter, samt seiner südafrikanischen KSB-Gemeinde in Tugela Ferry von Kwasizabantu. Seither versucht Stegen, Barney Mabaso als Lügner zu brandmarken und wirft ihm vor, Verwirrung anzurichten. Bleibt nur zu hoffen, dass in Kwasizabantu baldmöglichst die Kriminalpolizei ermittelt, denn die KSB ist längst zu einer öffentlichen Gefahr geworden.

Ein weiteres finsteres Kapitel ist die Zerstörung vieler Familien durch die KSB. Ein Ehemaliger sagte gegenüber dem Verfasser, dass er mindestens 10 Familien in Deutschland kenne, die durch die KSB vollkommen zerstört wurden. Da der Gehorsamsanspruch der KSB totalitärer Natur ist, bleibt vielen KSBlern nur die Wahl, sich entweder von Familienangehörigen oder von der KSB zu trennen. Die diktatorische Führungsstruktur der KSB mit ihrem Anspruch auf göttliche Vollmacht führt bei einigen KSBlern so weit, dass sie auch dem Aufruf zur Trennung von Familienangehörigen Kadavergehorsam leisten. Die biblischen Leitlinien für das Familien- und Eheleben werden hier kurzerhand außer Kraft gesetzt, da in der KSB die Autorität der Stegens über der Autorität der Heiligen Schrift steht.

Der Artikel, der in Südafrika eine große Lawine ins Rollen brachte, ist der Zeugenbericht der ehemaligen KSBlerin Erika Bornmann aus der Nähe von Kapstadt. In der säkularen südafrikanischen Frauenzeitschrift FEMINA erschien im Februar 2000 folgender Bericht von ihr: "Es war nicht das erste Mal, dass wir Zeugen von solch brutalen Züchtigungsmaßnahmen waren. Wir waren in dem berüchtigten 'oberen Zimmer' versammelt. Sie kauerte sich wimmernd am Boden zusammen. Ihr Körper und ihre Beine wurden von zwei Ältesten fest zu Boden gepresst, während ein anderer der Verantwortlichen sich an die Versammelten wandte und erklärte, dass ihre 16-jährige Freundin gesündigt hätte und nun Gottes gerechte Strafe empfangen würde. Als er das Gebet sprach, dem gewohnheitsmäßig die Züchtigung folgte, wurde ihr

Winseln immer lauter. Es dauerte nicht lange, dass sie schrie 'ich bereue', als ein Stück Schlauch wieder und wieder auf ihren Rücken, Gesäß und Schenkel niederging. Ich konnte die Schläge nicht zählen. Sie schlugen sie, bis sie nicht mehr schrie, keinen Laut mehr von sich gab. Ihr Geist war gebrochen. Es folgte ein Gebet, dass Gott ihre Sünden vergeben möge. Sie hatte einem Jungen aus ihrer Klasse einen Brief geschrieben. Als das Gebet gesprochen war, stimmten die Anwesenden in ein gehorsames Amen ein und warteten auf die Predigt.

Dieser eben geschilderte Bericht trug sich auf einer christlich-orthodoxen Missionsstation in Natal zu (die südafrikanische KSB, Anmerkung des Verfassers). Dort verbrachte ich die meiste Zeit meiner Kindheit und Schulzeit. Der Gott, der uns dort geschildert wurde, war keinesfalls ein Gott der Liebe oder des Erbarmens, sondern er ähnelte mehr einem männlichen Tyrann, der für das geringste Fehlverhalten Vergeltung forderte. Um uns Furcht einzuflößen, zeigten sie abends Filme wie 'Die brennende Hölle' oder 'Der grimmige Herr der Ernte'. Jedermann, vom Kleinkind bis zum Erwachsenen, wurde diesen Videos ausgesetzt. Ich lebte in ständiger Angst, ich könnte sterben oder vom Blitz getroffen werden, falls mein Leben mit Gott nicht in Ordnung wäre. Gereiztheit, der Gedanke, dass ein Junge gut aussah, oder wenn ich mich im Spiegel betrachtete – all das waren Sünden, die ewige Verdammnis verdienten.

Wenn ich zurückdenke, wird mir klar, dass diese Gedankenkontrolle begann, als ich mit neun Jahren mit meinen Eltern auf diese Missionsstation zog. In den folgenden dreizehn Jahren wurde Angst mein ständiger Begleiter, denn die Ältesten dachten sich oft sehr erniedrigende Strafen aus, um jedermann zu zeigen, dass man etwas falsch gemacht hatte. Man konnte für ein paar Tage von der Schule ausgeschlossen werden oder musste während einer Schulversammlung vor allen auf der 'Straf-Bühne' stehen, man durfte nicht mehr im Jugendchor mitsingen oder wurde gar öffentlich geschlagen.

Es wurde viel einfacher, wenn man seine Identität in der Gruppe verlor. Aus lauter Furcht, man könnte etwas Falsches tun, lebte man in einem apathischen Zustand. Doch die Abrechnung kam für mich irgendwann. Innerhalb der Gruppe fand ich Bestätigung und Anerkennung – jedoch nur so lange, wie ich mich unter die Standards beugte … Nach den Ferien wurden regelmäßig Jungfräulichkeitstests an den Schülerinnen des Internats vorgenommen … Ich begann, mir viele Fragen über diese Art des Lebens zu stellen. Bestimmt würden alle Menschen außer ein paar tausend Anhängern der Mission in die Hölle fahren – oder? … Sicher war ich zur Hölle verdammt, denn mehr als zehn Jahre hatte ich alles versucht und fühlte mich kein bisschen mehr mit Gott verbunden als zuvor. Meine Verzweiflung machte mich krank. Ständig litt ich an Migräne, Rücken- und Magenschmerzen. Meine Mutter konsultierte mit mir einen Spezialisten nach dem andern. Doch die Ärzte konnten die Ursache meiner Beschwerden nicht herausfinden. Als niemand meine Verzweiflung wahrnahm, dachte ich, ich drehe durch.

Im Januar 1993, nur wenige Monate nach meinem 21. Geburtstag, floh ich auf weises Anraten meiner schwedischen Verwandtschaft von der Missionsstation. Von da an lebte ich bei einer Tante in Pietermaritzburg und fand eine Stelle als Rezeptionistin. Als der Missionsleiter von meiner Flucht erfuhr, ließ er mich, als ich gerade meine Mutter besuchte, zu sich bringen. Er stellte mir die Frage, ob ich mir sicher sei, im Willen Gottes gehandelt zu haben. Ehrlich, wie ich war, erwiderte ich, dass ich Gott in dieser Sache nicht gefragt hätte. Daraufhin prophezeite er mir, dass ich im Leben niemals glücklich würde und dass mein zukünftiger Ehemann mit anderen Frauen schlafen würde. Zum Schluss sprach er den Fluch Gottes über mein Leben aus …

Ich trauerte um den Verlust von Familie und Freunden. Auch heulte ich über die Art und Weise, wie mein Name einfach ausradiert und mir Unrecht getan wurde … Es ist mir nicht möglich, diese wahnsinnige Angst, die in mir steckte, zu beschreiben. Es schien, als wolle sie um nichts in der Welt aus meinem Leben weichen."[68]

Das Schlagen der Schulkinder wurde von vielen Ehemaligen bestätigt. Ein Zeuge sagte dazu gegenüber dem Verfasser: "Die Ideologie der KSB heißt Prügeln." Die körperliche, geistige und seelische Tyrannei offenbart die wahre Identität der KSB: ein totalitäres System des Missbrauchs. Das Besondere an ihm ist, dass es im Schafspelz hyper-christlichen Lebens auftritt und viele Freunde unter den evangelikalen Christen hat. Die meisten KSBler sind liebe, ernsthafte und arglose Christen, die nicht im Geringsten ahnen, welch einem System sie angehören. Aber genau hier liegt die Dämonie der Täuschung. Während Trevor Dahl, Erlo Stegens rechte Hand, sich dafür entschuldigte, 25 Jahre lang Grausamkeiten und nichtchristliche Praktiken gedeckt zu haben, leugnen Erlo und Friedel Stegen sämtliche Vorwürfe. Statt sich für das schwere Fehlverhalten zu entschuldigen und darüber rechtschaffene Frucht der Buße zu zeigen, halten die Stegens die Presseberichte in Südafrika für eine Kampagne aus Unwahrheiten und Halbwahrheiten. Auch dies gehört zu ihrer Strategie gezielter Desinformation und Manipulation. Und sie können dabei auf die Mehrheit ihrer treuen Anhänger zählen, die ihnen bedingungslos vertraut und ins Unglück folgt. Mit Predigten über den Verrat des Judas oder raffiniert inszenierten Brieftexten des Pressesprechers der Stegens (Kjell Olsen) wird den KSBlern nun systematisch Angst vor einem Austritt aus der KSB gemacht und das Feindbild geschärft. Die Sache funktioniert. Viele glühende KSBler fühlen sich nun einer Verleumdungskampagne ausgesetzt und sind der vollen Überzeugung, dass sie um Jesu willen Verfolgung leiden.

Die selbstherrliche Alleinherrschaft der Stegens ist eine fast perfekt funktionierende Verführungsmaschinerie. Sie ist so perfekt, dass aus Sicht der Verführten alle andern verführt sind, genauso, wie aus der Sicht eines Geisterfahrers alle andern in die falsche Richtung fahren. Dies gehört mit zu der Erfüllung der Worte Jesu über die Zeit vor seinem Kommen: "Und es werden sich viele falsche Propheten erheben und werden viele verführen" (Mt. 24,11).

Ein Bericht des Generalsekretärs der Evangelischen Allianz von Südafrika vom 23. Juni 2000 über Kwasizabantu zeigt in schonungslos offener Weise die Gefährlichkeit der KSB auf. Unter dem Punkt 4 mit dem Titel: "Beweise für wahrgenommenen Missbrauch und Missetaten seitens der KSB-Leiterschaft" werden 9 Unterpunkte genannt:

1. Unbiblische Lehre
2. Unbiblische Rolle der Angst
3. Physische Brutalität
4. Psychologischer Missbrauch
5. Vertrauensbruch
6. Spaltung von Familien einschließlich Ehen
7. Angebliche Unwahrheit und Täuschung
8. Offensichtlicher Schutz des eigenen Standes durch die Leiterschaft und Schutz angeblicher Missetäter
9. Exklusivität: KSB-Praktiken als "der Weg"[69]

Einige Ausführungen zu diesen Punkten geben tiefe Einblicke in ein finsteres System des Missbrauchs.

Zu Punkt 2 (Unbiblische Rolle der Angst) wird Folgendes berichtet: "Zeugnisse haben das Gremium zu der Schlussfolgerung gebracht, dass Herr Erlo Stegen in einer Struktur arbeitet, in der er sich extremer Verehrung und Unterwerfung von Anhängern erfreut, ohne dass er sich vor der Kirche oder anderswo verantworten müsste. Dies scheint die Tür für Machtmissbrauch geöffnet zu haben. Während wir merken, dass viele sich Herrn Stegen anvertrauen, legen Zeugnisse nahe, dass er und andere KSB-Leiter zu oft ihre Autorität durch Manipulation und Kontrolle von Menschen durch Angst ausüben.

Wir hörten den Zeugnissen und Berichten vieler Menschen zu, die über einen Zeitraum von 30 Jahren Teil von KSB waren, und wir waren erstaunt über die Beständigkeit, mit der Angst eine Rolle in ihren Erzählungen spielte. Nach Wahrnehmung des Gremiums bleibt diese Angst bis heute tragischerweise real in vielen, die Zeugnis gaben. Wiederholt hörten wir Aussagen wie: 'Erlo hatte die totale Kontrolle über uns', 'Wenn Erlo glücklich war, war alles gut', 'Wenn Erlo nicht glücklich war, waren wir es auch nicht. Wir machten ihn zu unserem Gott.' Das Gremium hörte auch wiederholt Zeugnisse von Menschen mit einem Konzept des ewig-zornigen Gottes, eines 'Gottes, der immer zornig ist ...' Dies bestätigte die Schlussfolgerungen des Gremiums über den Angstfaktor in KSB. Einige von denen, die KSB verließen und neue geistliche Heimaten fanden, haben angemerkt, wie die Lehre von der Liebe Gottes als eine völlig neue Offenbarung zu ihnen kam. Während sie in KSB waren, hatten sie nicht an einen liebenden Gott gedacht. Dies wurde als ernster Mangel in der KSB-Lehre über Gott gesehen. In ihrer Sicht war er nur ein zorniger Gott, darauf aus, Sünder zu bestrafen."[70]

Es gibt einige Hinweise dafür, dass aufgrund der öffentlich bekannt gewordenen Missstände innerhalb der KSB die Methode der Verkündigung bereits teilweise umgestellt wurde. Zeugen teilten dem Verfasser mit, dass nun vermehrt Liebe gepredigt wird. Über die Fähigkeit der Stegens, sich zu verstellen, bemerkte ein Ehemaliger: "Die ändern ihr Gesicht von hier bis zur nächsten Straßenlaterne dreimal." Dies sollte nicht verwundern: Die Lüge scheut die Wahrheit ebenso wie ein System des Missbrauchs die Öffentlichkeit.

Zu Punkt 3 (Physische Brutalität): Auch diese Ausführungen offenbaren die KSB: "Das Gremium hörte eine lange Geschichte, beinahe ein Muster, von harten und brutalen Prügeleien (von denen eine angeblich mit dem Tod endete), seit der Zeit der KSB-Treffen in Kranskop 1975 bis in jüngere Zeit.

Es gab Augenzeugenberichte von willkürlichen Schlägen an Kleinkindern und Jugendlichen, von ernsten Wunden und schweren Traumata, von Einzelarrest für Kleinkinder in Schränken für geringe und willkürliche Fehler, und von um sich greifendem Terror und Brutalität. In der Erinnerung einiger, die Zeugnis gaben, blieb dies stark und noch immer schädigend bestehen. Es gab auch Augenzeugenberichte aus jüngerer Zeit über ausgiebiges und gewalttätiges Schlagen von Schulkindern in den 80er und frühen 90er Jahren. Darüber hinaus gab es sogar Zeugnisse über das Schlagen von Erwachsenen in KSB in den letzten Jahren. Viele dieser Schläge wurden in Anwesenheit anderer ausgeführt, was die Menschen traumatisierte und sie in den Fesseln der Angst hielt. Das Gremium sah, dass es weitergehende traumatische Folgen im Leben einiger Betroffener gibt."[71]

Zu Punkt 4 (Psychologischer Missbrauch): Dass die KSB nicht nur die physische Brutalität zu ihren Zwecken einsetzt, sondern auch über das Instrumentarium einer Psychosekte verfügt, zeigen die folgenden Ausführungen: "Zeugnisse haben Beweise vorgelegt für viel Manipulation durch psychologischen Druck durch die KSB-Leiterschaft.

Das Gremium hörte Begebenheiten von fürchterlichen Flüchen, die angekündigt wurden oder Verfluchungsdrohungen, die von Herrn Erlo Stegen gegen jene ausgesprochen wurden, die Fehler begingen, gegen jene, die seine Autorität anzweifelten, oder gegen jene – und sogar auch ihre Familienmitglieder –, die KSB verlassen haben oder verlassen könnten.

Die Aussagen konnten Worte benutzen wie: 'Ich spreche jetzt Gottes Fluch über deinem Leben aus.'

Einige bezeugten, wie sie ohne Erklärung gemieden und zensiert wurden, während andere angewiesen wurden, sich von der Mission fernzuhalten und man ihnen gleichzeitig Rückzug aus der Gemeinschaft vorwarf. Einige andere Geschichten wurden angehört, die das Gremium zutiefst schockierten: Dem Gremium wurde bewusst gemacht, dass in zwei oder drei Fällen Selbstmord die Folge der oben genannten Art des Missbrauchs war."[72]

Zu Punkt 6 (Spaltung von Familien einschließlich Ehen): "Das Gremium hörte wiederholt Zeugnisse über die aktive und bis jetzt noch andauernde Beteiligung der KSB-Leiterschaft an der Spaltung und Trennung von Familien. Dem Gremium wurde die Entwicklung und zerstörerische Folge von plötzlicher Verbannung aus KSB aus unbekanntem Grund für Familien aufgezeigt. Es gab sogar Berichte aus den frühen Dienstjahren Erlo Stegens. Scheinbar endlose Entfremdungen, sogar unter reifen und hingegebenen Christen, wurden als Folgen dieser Art von Ablehnung und Zurückweisung berichtet.

Einige bezeugten extreme Fälle, indem sie mitteilten, wie Ehemänner von der Leiterschaft ermutigt worden waren, sich von ihren Frauen scheiden zu lassen, weil diese sich nicht der Leiterschaft unterordnen wollten. Andere teilten mit, wie von Ehefrauen erwartet wurde, ja, sie geradezu ermutigt wurden, sich von ihren Ehemännern zu trennen. Ein tragischer Fall wurde erwähnt, in dem die KSB-Leitung die Entscheidung einer bestimmten Frau unterstützte, sich von ihrem Ehemann zu trennen und in KSB zu bleiben. Schließlich ließ sie sich von ihm scheiden mit der Begründung, er habe 'den Weg' von KSB verlassen, obwohl er ein hingegebener Christ gewesen und geblieben war und sie ernstlich gebeten hatte, mit ihm zusammenzubleiben und so die Ehe zu retten. Dem Gremium wurde mitgeteilt, dass gegenwärtig eine ähnliche Situation mit einem anderen Ehepaar abläuft."[73]

Zu Punkt 7 (Angebliche Unwahrheit und Täuschung): Hier wird ein besonders makaberes Beispiel für den Umgang mit Lüge geschildert: "Eine Anzahl früherer Mitglieder und einige, die in den vergangenen Monaten KSB verlassen haben, bezeugen eine Praxis der KSB-Leitung, die Lügen und Täuschungen im Namen der 'Weisheit' rechtfertigt. Ein ehemaliger Leiter zitiert Erlo Stegen: *'Eine in Christus ausgesprochene Lüge, um sein Werk zu schützen, ist keine Lüge'* (Hervorhebung durch den Verfasser).

Es gab zahlreiche Berichte über die Praxis der KSB-Leiterschaft, Unwahrheiten und Gerüchte über diejenigen zu verbreiten, die die Mission verlassen haben, sogar in den vergangenen Monaten."[74]

Wie sagte doch Erlo Stegen über einen Bruder: "Man kann es nicht fassen, dass ein Mann mit solch einem frommen Schein und biblischen Worten so lügen kann und dieses auch schwarz auf weiß niederschreibt. Solches genügt schon, um zu erkennen, welch ein Geist dort redet."[75]

Es genügt wirklich, um zu erkennen, welch ein Geist bei Stegen redet. Und es sollte für alle Christen Warnung genug sein. Das Wort Gottes sagt uns unmissverständlich: "Halte dich fern von einer Sache, bei der Lüge im Spiel ist" (2. Mo. 23,7).

Eine unvollständige Auflistung warnender Stimmen soll aufzeigen, dass die Warnungen vor der KSB und die Versuche, Erlo Stegen zur Buße zu führen, nicht neu sind:

- 1977: Erlo Stegen wurde in einer Versöhnungskonferenz mit folgenden Anschuldigungen vieler ehemaliger KSBler konfrontiert: Einflussnahme durch das Reden in Trance von Hilda Dube, Visionen, Überbetonung des Sündenbekenntnisses, zu autoritäre Leitung des Werkes. Es wurde zunächst darauf verzichtet, die Missstände zu veröffentlichen, um die Mission zu schützen. Erst 10 Jahr später und nach mehreren misslungenen Versuchen, Erlo Stegen zur Einsicht zu bewegen, wurden die Dinge veröffentlicht.

- 1981: Der Evangelist Alexander Seibel warnte in der Schrift "Die Zulu-Bewegung" vor Erlo Stegen und den Büchern von Dr. Kurt Koch über die vermeintliche Erweckung in Südafrika. Seibel zeigte anhand vieler Beispiele auf, wie Koch trotz seines fundierten Wissens über Okkultismus und Spiritismus nicht mehr in der Lage war, den Lügencharakter und die spiritistische Durchsäuerung der KSB zu erkennen. Auch in anderen Beurteilungen schien Koch keinen Durchblick mehr zu haben. So heißt es in Seibels Vorbemerkung zu Kochs Buch 'Im Paradies', bei dem Koch zu dem Thema der Totenauferweckung und der Jenseitserlebnisse schrieb: "Dabei hat mich überrascht, wie positiv der Autor die Bücher von Raymond Moody beurteilt (nicht zu verwechseln mit dem Evangelisten Dwight Lymen Moody, Anmerkung des Verfassers). Dr. Koch schreibt: 'Ich habe beide Bücher mit Gewinn gelesen, wenn ich auch an sehr vielen Stellen meine Bedenken anmelden muss. Auf jeden Fall sind beide Bücher ein wirksamer Schlag gegen den Materialismus und den Atheismus.' Nach nur kurzem Befassen mit Moodys Buch 'Leben nach dem Tode' hatte ich den ganz deutlichen Eindruck, es mit massivem Spiritismus zu tun zu haben … Es ist tragisch, dass unser Volk mit okkulter Literatur überflutet wird, und zu diesem spiritistischen Einbruch gehört auch Moodys 'Leben nach dem Tode', dessen Grundlage das Tibetanische Totenbuch ist. Dr. Koch hingegen schreibt: Ich habe es begrüßt, dass der Rowohlt Verlag Hamburg 1977 das Buch 'Leben nach dem Tode' herausgebracht hat. Es stieß in eine Lücke. In sechs Monaten wurden rund 150.000 Exemplare verkauft."[76] Seibel machte in seiner Schrift auch deutlich, dass die KSB Parallelen zur Pfingstbewegung aufweist.

- Juni 1984: Walter Wjst von der Brüderversammlung Karlsruhe verfasste eine öffentliche Warnung vor der KSB unter dem Titel: "Eine wirksame Kraft des Irrtums." Hierin schrieb Wjst: "In diesen Tagen macht die so genannte Erweckungsbewegung von Kwasizabantu, auch Zulu-Bewegung genannt, erneut von sich reden. Ihr Leiter, Erlo Stegen, macht unter Protektion von Dr. Kurt E. Koch eine Vortragsreise durch Deutschland. Diese Bewegung gibt sich betont schlicht ohne Halleluja und Händeklatschen. Sie verweist auch darauf, dass die Charismatiker ihr den Heiligen Geist absprechen und sie als 'Jesus-Menschen' bezeichnen. Gleichwohl ist sie in höchstem Maß schwärmerisch, so dass ausdrücklich davor gewarnt werden muss. Selbstverständlich ist nicht alles falsch, was von den Vertretern dieser Bewegung gesagt und getan wird. Aber gerade darin liegt ja die Gefahr, der schon viele Christen erlegen sind. Bekanntlich ist die Irrlehre am gefährlichsten, die der Wahrheit am nächsten kommt. Gerade heute müssen wir davon ausgehen, dass Satan als Engel des Lichts und seine Diener als Diener der Gerechtigkeit auftreten (2. Kor. 11,13 ff). Darum ist alles, was unsere Aufmerksamkeit und unser Interesse anzieht, an dem Wortlaut des allein maßgebenden Wortes Gottes zu prüfen. Gefühle und Erfahrungen trügen. Was über das Wort Gottes hinausgeht oder ihm gar widerspricht, ist nicht von Gott ... Entgegen der Empfehlung, die Bewegung an Ort und Stelle zu prüfen (es werden dazu sogar Sonderflüge arrangiert), müssen wir warnen, sich diesen unbiblischen Einflüssen in irgendeiner Weise auszusetzen."[77]

- 6. Juni 1987: Veröffentlichung eines Zeugenberichtes von Martin Frische und J. und H. Trauernicht unter dem Titel: "Eine Ehe zerbricht an Kwasizabantu." In dieser Schrift wurde über die unwahrhaftigen und menschenverachtenden Methoden von Erlo Stegen und seinem Team berichtet.

- 11. Juni 1987: Wim Malgo schrieb in einem Brief, der veröffentlicht wurde: "Als er (Erlo Stegen, Anmerkung des Verfassers) in der Zionshalle war, musste ich leider feststellen, dass er dem Pfingstschwarmgeist anheim gefallen ist, vor dem wir ja in unserem Blatt schon des Öfteren gewarnt haben."[78]

- 1993 und 1998: Warnschrift von Ralf Daubermann und Friedemann Bottesch über die Auswirkungen der Mission Kwasizabantu bei ihren Anhängern in Deutschland. In dieser Schrift wurden die unbiblischen Einflüsse durch die KSB ausführlich aufgezeigt.

- 1994: In einem Bericht über eine Reise durch Südafrika warnte Alexander Seibel erneut vor der KSB. In diesem Bericht schrieb er von den Zeugenaussagen ehemaliger KSBler, die er kennen lernte.

"Zusammenfassend, als Ergebnis vieler Gespräche, habe ich folgende Notizen bzw. Zitate festgehalten: 'Es wirkt ein anderer Geist; nicht die Gnade ist im Mittelpunkt, sondern die Sünde bzw. der Mensch.' Alle Verkündigung ist sündenzentriert und als Ergebnis eines falschen Sündenbegriffes dreht sich alles um Einzelsünden, die alle bekannt werden müssen. Es wird Gesetzlichkeit und Höllenstrafe gepredigt und es gibt so gut wie keine Heilsgewissheit als Folge einer unbalancierten und nicht christozentrischen Verkündigung. Die Gesetzlichkeit geht bis ins Zwanghafte, ebenso wie das Bekennen von Sünden."[79]

- 1999: Der südafrikanische Theologe Colin Peckham, der die KSB seit Bestehen kennt und sich bis vor kurzem als Freund dieser Bewegung verstand, verfasste eine Warnschrift, in der er u.a. Folgendes schrieb: "Als ein Freund, der vorbeikommt, um zu helfen, möchte ich die Leiterschaft bitten, nicht die gesamte Bewegung in eine unbiblische und exklusive Organisation abgleiten zu lassen. Um eurer selbst willen als eine Bewegung, um derer willen, die euch bedingungslos folgen, um derer willen, die der Bewegung beitreten und vielleicht später die schmerzhaften Kosten dafür zahlen müssen, um Gottes willen, bitte haltet an und seht euch den Weg an, auf dem ihr die Menschen führt. Hört auf mit der autokratischen Entfernung von guten, geistlichen Menschen. Hört auf mit dem Kummer. Dieses Elend ist schon einmal geschehen – haltet ein, bevor es überhand nimmt in seinen Verletzungen und menschlicher Qual. Lasst es nicht noch einmal geschehen. Hört auf, darauf zu bestehen, dass die KSB-Methode der Brautwerbung der einzig wahre Weg der Geistlichkeit ist. Gute, geistliche Menschen sind anders als ihr. Haltet euch nicht selbst für über Korrektur erhaben. Wir brauchen einander als Sicherungssystem. Bitte nehmt euch diesen Brief zu Herzen und denkt vor dem Herrn darüber nach. Hört den Schrei derer, denen die unvernünftigen Anforderungen weh tun."[80]

- 5. Januar 2000: Eine Warnschrift mit dem Titel "Dringender Appell an die Leitung der Kwasizabantu Mission, Kwazulu/Natal, Südafrika" wird von KSBlern und Ehemaligen veröffentlicht. Der Appell beginnt mit folgenden Worten: "Nach einem Zeitraum von 3 Jahren der Überlegung und Beratung unter Gebet, die ihren Höhepunkt in einem Treffen in diesen Tagen gefunden hat, repräsentieren wir, die Unterzeichnenden, einen größeren Leib besorgter Christen, die sich hier versammelten, sowie solche, die heute entweder die Gemeinde von Kwasizabantu Mission (KSB) verlassen haben, oder die exkommuniziert wurden, als auch um all jene, die noch auf KSB sind, erstellten wir folgende Erklärung, die innerhalb des weit reichenden Leib Christi als Zeugnis wahrer Besorgnis verbreitet werden soll, und als Aufruf gemeinsamen Gebetes für die darin genannten Punkte."[81] Die einzelnen Punkte lauten:

  1. Mangel an Verantwortlichkeit
  2. Geistlicher Missbrauch
  3. Lügen und Verführung

Zum Punkt 2 "Geistlicher Missbrauch" heißt es: "Die geistliche Tyrannei, Gehirnwäsche und Manipulation, die durch zahlreiche (hunderte) Zeugnisse von Opfern und sogar von denen, die an solchen Aktivitäten teilnahmen, bestätigt wurden. Durch Presseberichte in den vergangenen Tagen wurden Beispiele gegeben, die die Leitung nicht nur leugnete und zurückwies, sondern als Gelegenheit nutzte, die Zeugen solchen Missbrauchs auf KSB in Verruf zu bringen."

Zum Punkt 3 "Lügen und Verführung" wird berichtet: "Wir lehnen die Rationalisierung und das Herunterspielen der bösen Praktiken, Lügen, Desinformationen und Manipulationen ab."

- 19. Februar 2000: Pastor Trevor Dahl, Schwager von Erlo und Schwiegersohn von Friedel Stegen, unterstützt den Appell mit folgenden Worten: "Ich unterstütze das beiliegende Dokument mit dem Titel 'Dringender Appell an die Leitung der Kwasizabantu Mission' mit einem schweren Herzen und tiefer Enttäuschung, weil die Leiter der Kwasizabantu Mission wiederholte Aufrufe und Versuche von vielen Menschen zurückgewiesen haben, auch von mir selbst, der sie überzeugen wollte, davon Abstand zu nehmen, die üblen Praktiken, die auf der Mission ausgeübt werden, zu vertuschen und darüber unehrlich zu sein. Diese Praktiken wurden – zum Schaden für die Gemeinde Christi – kürzlich über unsere Medien verbreitet. Während ich in meinen 25 Jahren auf KSB versucht habe, mich von den Grausamkeiten und nicht-christlichen Praktiken, die zu meiner Kenntnis kamen, zu distanzieren und meine Abneigung dagegen auszudrücken, bereue ich nun und entschuldige mich dafür, dass ich, bevor ich vor drei Jahren dort wegging, Kwasizabantu in einem positiven Licht dargestellt habe, obwohl ich wusste, dass dort Dinge vorgehen, mit denen ich mich nicht identifizieren konnte. Ich möchte mich bei jenen entschuldigen, die durch mich verletzt wurden oder deren Beziehung zu Jesus durch meine Verbindung (und die meiner Familie) mit der Mission betroffen wurde. Ich bitte demütig um Eure Vergebung ... Ich bedaure, mit gebrochenem Herzen, dass die Missionsleiter weiterhin ihre Arbeit dadurch vorantreiben, dass sie Menschen innerhalb und außerhalb Kwasizabantus täuschen und belügen und Persönlichkeiten ermorden und dies alles im Namen der 'Weisheit' tun und um 'das Werk zu schützen'."[82]

- 19. Februar 2000: Eine Begleitschrift zu dem "Dringenden Appell an die Leitung der Kwasizabantu Mission" wird in Südafrika verfasst und als Resolution veröffentlicht. Hierin heißt es: "Liebe Brüder und Schwestern in Christus, mit diesem offenen Brief möchten wir den erweiterten Leib Christi in Südafrika und auswärts über einige der unbiblischen und kontroversen Aspekte der Kwasizabantu Mission (KSB) in Kwazulu/Natal informieren und auf sie aufmerksam machen. An die Leiterschaft von KSB ist dieser Brief eine Bitte zuzuhören, zu bereuen und zu verändern. Dieser Brief kommt von einer großen Gruppe geistlicher Leiter aus verschiedenen Kirchen in Südafrika, die KSB verlassen haben und/oder ausgeschlossen worden sind. Die Ursache unseres Schreibens, die wir Teil der Gemeinde in Südafrika und außerhalb sind, liegt in unserem Verständnis der Ermahnung von Matthäus 18, 'es der Gemeinde zu sagen'. Wenn alle Versuche, einen irrenden Bruder zur Vernunft zu bringen und sich mit ihm zu versöhnen fehlgeschlagen sind, weist uns Jesus an, die ganze Gemeinde zu informieren. Dies ist die letzte Maßnahme, zu einem Bruder durchzudringen, um ihn zu ermutigen, die Korrektur anzunehmen und darauf zu reagieren. Seit KSB vor etwa dreißig Jahren begann, sind viele Christen als Laien und andere als Mitarbeiter dazugekommen, und sie mussten Haltungen, Richtungen, Lehren und Praktiken auf der Mission entdecken, die von ihrer Natur her unbiblisch und im Wesentlichen sektiererisch sind. Bemühungen um eine interne Reform wurden systematisch zurückgewiesen, und Menschen, die Fragen stellten, wurden die Mitgliedsrechte aberkannt. Als ein verzweifelter Versuch, Korrektur und Versöhnung in die Mission zu bringen, wurde 1977 die internationale Leitung von Jugend mit einer Mission als neutrale und unvoreingenommene Moderatoren eingeladen. Nichts wurde geändert, und tatsächlich wurden die negativen Tendenzen schärfer und extremer ... *Wir sind Zeugen dafür, dass dieses System ein System des Missbrauchs geworden ist.* (Hervorhebung durch den Verfasser)."[83]

- 23. Juni 2000: Die Zentrale der Evangelischen Allianz in Südafrika veröffentlicht nach einigen vergeblichen Versuchen, mit Erlo Stegen über die massiven Vorwürfe von Ehemaligen zu sprechen, einen Bericht über die Kwasizabantu-Mission in Südafrika. Nach Befragungen von vielen ehemaligen KSBlern werden die erschütternden Ergebnisse der 14köpfigen Untersuchungskommission veröffentlicht. Moss Ntlha, Generalsekretär der südafrikanischen Allianz, schreibt in einem Vorwort zu dem Bericht an die verantwortlichen Kirchenleiter: "Ich schreibe Ihnen in einer Angelegenheit, die ich als für Sie so wichtig erachte, wie sie es für die Gemeinschaft der evangelischen Kirche in Südafrika insgesamt ist. Seit einiger Zeit nun haben die Medien in Südafrika skandalöse Nachrichten über eine der bedeutendsten Missions-Institutionen des Landes verbreitet, nämlich über die Kwasizabantu Mission. Dies war natürlich Grund zur Besorgnis für viele, die die Mission kannten und die wunderbare Arbeit gesehen hatten, die Gott durch diese Mission gewirkt hat. Es scheint jetzt aber, dass sich mit der Zeit die Dinge zum Schlechten verändert haben und dass dies eine wohldurchdachte Antwort von jenen unter uns erfordert, die es betrifft. Ich sende Ihnen diese Mitteilung in tiefer Trauer und aus tiefer pastoraler Sorge über den Dienst von KSB und aus Sorge um die

Menschen innerhalb der Mission als auch um diejenigen, die die Mission verlassen haben."[84]

Wie innerhalb der KSB mit Kritik an dem System umgegangen wird und warum die Warnung vor der KSB bei vielen KSBlern erst viel zu spät zu einer kritischen Prüfung führt, macht folgendes Beispiel deutlich. Ein ehemaliger Mitarbeiter der Bibel- und Schriftenmission Dr. Kurt Koch e.V. schrieb in einer veröffentlichten Erklärung vom 15.04.2000: "Über interne Vorgänge erfuhr ich nie etwas. Wenn doch hier und da Kritik an der KSB-Führung geäußert wurde, dann wurde dies von mir und von den allermeisten KSB-Freunden als ein feindlicher, teuflischer Angriff auf ein Werk Gottes abgetan. 1978 schon äußerte Pastor Horst Marquardt vom Evangeliumsrundfunk starke Bedenken gegen KSB. Anschließend die Evangelisten Wolfgang Bühne und Alexander Seibel, die eine Warnschrift veröffentlichten. Alle Warnungen wurden jedoch als Attacken des Feindes eingestuft und scharf zurückgewiesen. Dabei war Dr. Kurt Koch federführend, da er die besten und vertraulichsten Beziehungen zu Erlo Stegen und KSB hatte. Schließlich hatte er wegen seiner literarischen Tätigkeit Einblicke in das Innere der 'Erweckung' wie sonst niemand von uns. Er hatte unser bzw. mein Vertrauen als ein Diener des Evangeliums, der die Fähigkeit der Geisterunterscheidung besaß. Somit hatte ich die persönliche Christenpflicht, selbst alles zu prüfen, sträflich versäumt. Dies hätte nicht vorkommen dürfen. Es tut mir heute sehr, sehr leid und ich bitte vor allem Bruder Alexander Seibel um Verzeihung. Gerade mit ihm hatte ich damals 1980 eine Auseinandersetzung im Kreise der Herborner Ev. Allianz. Diese schwere Erfahrung, kritische Ermahnungen von Brüdern leichtfertig zur Seite zu schieben, ist für mich und sollte für alle Gläubigen eine deutliche Warnung sein."[85]

Es ist anzunehmen, dass die Zukunft noch einiges ans Licht bringen wird über die KSB und den Lügengeist, der in ihr wirkt. Dabei dürfte es nicht verwundern, wenn die Verantwortlichen weiterhin die Tatsachen leugnen und verdrehen. Doch was ist mit den vielen Opfern dieser Bewegung? Werden sie geistlich überleben?

Viele bekannte und einflussreiche Persönlichkeiten innerhalb der deutschen evangelikalen Gruppierungen sind mit der KSB freundschaftlich verbunden. Aufgrund der bekannt gewordenen Dinge über die KSB macht sich unter ihnen nun peinliches Schweigen bemerkbar. Es ist mit wenigen Ausnahmen wohl noch nie die Stärke deutscher Kirchen- und Gemeindeleiter gewesen, Fehler und Irrtümer zu bekennen. Doch wäre es dringend an der Zeit, klare Positionen einzunehmen, um damit auch der Gemeindebasis Orientierung und Klarheit zu vermitteln und die Wahrheit der Heiligen Schrift zu bekennen.

Hat die KSB ihre Anhänger bezaubert?

Ist es eigentlich möglich, dass innerhalb einer christlichen Organisation das Herzstück des christlichen Glaubens und Lebens entfernt wird, ohne dass die Gläubigen bezaubert werden? So etwas kann nur geschehen, wenn erfolgreiche Täuschung und Manipulation gegriffen hat. Eine solche Täuschung trat schon bei den Galaterchristen auf und gleicht der KSB in erschreckender Weise. Paulus musste den Galatern damals schreiben:

> *O ihr unverständigen Galater! Wer hat euch* bezaubert, *denen doch Jesus Christus vor die Augen gemalt war als der Gekreuzigte? Das allein will ich von euch erfahren: Habt ihr den Geist empfangen durch des Gesetzes Werke oder durch die Predigt vom Glauben? Seid ihr so unverständig? Im Geist habt ihr angefangen, wollt ihr's denn nun im Fleisch vollenden?* (Gal. 3,1-3).

> *Ihr habt Christus verloren, die ihr durch das Gesetz gerecht werden wollt, und seid aus der Gnade gefallen. Denn wir warten im Geist durch den Glauben auf die Gerechtigkeit, auf die man hoffen muss* (Gal. 5,4-5).

Der biblische Rettungsweg lautet:

> *So halten wir nun dafür, dass der Mensch gerecht wird ohne des Gesetzes Werke, allein durch den Glauben* (Röm. 3,28).

> *Doch weil wir wissen, dass der Mensch durch Werke des Gesetzes nicht gerecht wird, sondern durch den Glauben an Jesus Christus, sind auch wir zum Glauben an Christus Jesus gekommen, damit wir gerecht werden durch den Glauben an*

Christus und nicht durch Werke des Gesetzes; denn durch Werke des Gesetzes wird kein Mensch gerecht (Gal. 2,16).

In Apostelgeschichte 8,9-24 wird von dem Zauberer Simon berichtet, von dem viele Menschen geistig beherrscht wurden. Er genoss diese Machtausübung und sein Ansehen unter den Menschen. Als Philippus nach Samaria kam und von Jesus Christus predigte, da verlor er seine Macht und sein Ansehen, weil die Botschaft von Jesus Christus die Menschen befreite und zum Glauben führte. Danach änderte Simon seine Strategie. Auch er bekannte sich zu Jesus und ließ sich taufen. Doch die Falschheit seines Wesens wurde nur zu bald deutlich: "Gebt auch mir diese Macht, damit jeder, dem ich die Hände auflege, den Heiligen Geist empfange" (Apg. 8,19). Simon war ein durch und durch lügenhafter Mensch. Er wollte Menschen durch seinen Einfluss beherrschen, um sich von ihnen verehren zu lassen (Apg. 8,10-11). Er ist damit der Prototyp eines Machtmenschen in christlichem Gewand, der die Methoden der Suggestion und Manipulation bestens beherrschte.

Erlo Stegen erinnerte sich bei einem Vortrag am 3.10.98 in der Stadthalle Limburg an die Zeit vor der Erweckung. Ihn ärgerte damals die Tatsache, dass durch die Tücher des Paulus Kraft ausging, während von ihm keine solche Kraft ausging. Daraufhin kämpfte er um mehr Einfluss und Macht. Den Zuhörern gab er ebenfalls diesen Rat und sagte: "Sei ein Jakob: Herr, ich lasse dich nicht, du segnest mich denn." Stegen berichtete, dass die Menschen bei der dann folgenden "Erweckung" im geöffneten Himmel das Wort "Kwasizabantu" lesen konnten. Dann stellte er dem Publikum die Frage: "Wie viel Menschen hast du schon bekehrt?"[86]

Hier wie auch an anderen Stellen wurde etwas von Stegens Motiven deutlich: Der Wunsch nach Einfluss, Macht, Erfolg und Autorität. Er bekam es, aber als Taumeltrank des Zornes Gottes.

In der Abschiedsrede von Paulus an die Ältesten der Gemeinde in Ephesus sagte Paulus:

> *Denn das weiß ich, dass nach meinem Abschied reißende Wölfe zu euch kommen, die die Herde nicht verschonen werden. Auch aus eurer Mitte werden Männer aufstehen, die Verkehrtes lehren, um die Jünger an sich zu ziehen. Darum seid wachsam und denkt daran, dass ich drei Jahre lang Tag und Nacht nicht abgelassen habe, einen jeden unter Tränen zu ermahnen* (Apg. 20,29-31).

Aufruf zur Wachsamkeit

Verführung ist das Ergebnis einer Kombination aus geistlicher Unmündigkeit, mangelnder Wahrheitsliebe, fehlender oder falscher Information, unnüchterner Erwartungen und götzendienerischer Menschenverehrung. Verführung unter Christen beschränkt sich nicht nur auf bestimmte Gruppen und Organisationen. Sie tritt heute quer durch die ganze Christenheit auf. Um geistlich zu überleben, ist die enge Verbindung zu Jesus und seinem Wort unabdingbar. Dort, wo Verführung auftritt, hat sie immer auch eine äußerst angenehme und fromm erscheinende Seite. Verführung knüpft an Bedürfnisse und Defizite im Leben von Christen an und bietet hierfür die passenden Lösungen. Der Wunsch nach Autorität, Macht, Erfolg, Vollkommenheit, Einheit, Harmonie, Gesundheit, Wohlbefinden, Geborgenheit, Reichtum, Lust, tollen Erlebnissen usw. bildet Marktlücken, für die der Verführer mit einem riesigen Angebot aus seinem scheinchristlichen Supermarkt aufwartet. Würde die teuflische und zerstörerische Absicht der Verführung erkannt, gäbe es wohl keine verführten Christen. Da Verführung aber immer den Charakter einer Täuschung trägt, ist sie nicht für jeden Christen zu erkennen. So musste bereits Paulus die Korinther vor den Verführern in ihren eigenen Reihen warnen:

> *Denn solche sind falsche Apostel, betrügerische Arbeiter und verstellen sich als Apostel Christi. Und das ist auch kein Wunder; denn er selbst, der Satan, verstellt sich als Engel des Lichts* (2. Kor. 11,13-14).

Dies zeigt uns, wie entscheidend wichtig die geistliche Nüchternheit und Wachsamkeit für uns ist. Diese Eigenschaften können aber nur dort recht wachsen, wo die Bibel betend gelesen und studiert wird. Die Liebe zur Wahrheit und damit zu Jesus Christus und dem Wort Gottes ist der wirksamste Schutz vor Verführung. Der Geist Gottes nährt diese Liebe und führt die Kinder Gottes immer zu Jesus Christus und zur Heiligen Schrift hin. Wer der Falle der scheinchristlichen Täuschungsmanöver Satans entrinnen will, der muss die Worte der Heiligen Schrift nicht nur hören, sondern auch verstehen und anwenden:

> *Geliebte, glaubet nicht jedem Geiste, sondern prüfet die Geister, ob sie aus Gott sind; denn viele falsche Propheten sind in die Welt ausgegangen* (1. Joh. 4,1).

> *Habt nicht Gemeinschaft mit den unfruchtbaren Werken der Finsternis; deckt sie vielmehr auf* (Eph. 5,11).

> *Halte dich fern von einer Sache, bei der Lüge im Spiel ist"*(2. Mo. 23,7).

> *Seid nüchtern und wacht, denn euer Widersacher, der Teufel, geht umher wie ein brüllender Löwe und sucht, wen er verschlinge. Dem widersteht, fest im Glauben, und wisst, dass ebendieselben Leiden über eure Brüder in der Welt gehen* (1. Petr. 5,8-9).

> *Lasst euch nicht durch mancherlei und fremde Lehren umtreiben, denn es ist ein köstlich Ding, dass das Herz fest werde, welches geschieht durch Gnade* (Hebr. 13,9a).

> *Habe Acht auf dich selbst und auf die Lehre; beharre in diesen Stücken! Denn wenn du das tust, wirst du dich selbst retten und die, die dich hören* (1. Tim. 4,16).

Fußnoten

1 Gott unter den Zulus, Dr. Kurt E. Koch, Bibel- und Schriftenmission Dr. Kurt E. Koch e.V., Schwäbisch Gmünd, 1995, S. 39 (erstmals erschienen 1976)

2 Im Paradies, Dr. Kurt E. Koch, Brunnen Verlag, Basel, 1992, S.42

3 Erweckung unter den Zulus, Erlo Stegen, Bibel- und Schriftenmission Dr. Kurt E. Koch e.V., 1993, 4. Auflage, S. 108

4 Fax einer Besucherin des südafrikanischen Missionswerkes vom 30.04.2000 an den Verfasser

5 Informationen aus der Vorstellungsschrift "Mission Kwasizabantu", ohne Datum

6 CFT "Christen für die Wahrheit", Infoschrift ohne Datum, Osterlängstr. 47, 73527 Schwäbisch Gmünd

7 Erweckung unter den Zulus, S. 30-32

8 ebd. S. 58

9 ebd. S. 59-60

10 ebd. S. 64

11 ebd. S. 83

12 ebd. S. 92

13 Spiel mit dem Feuer, Wolfgang Bühne, CLV, 1989, S. 23-24

14 ebd. S. 39-40

15 Spiel mit dem Feuer, S. 33-34

16 Erweckung unter den Zulus, S. 79

17 ebd. S. 68

18 ebd. S. 73-74

19 ebd. S. 79

20 ebd. S. 183

21 Gott unter den Zulus, S. 198

22 ebd. S. 50-51

23 ebd. S. 194
24 ebd. S. 201-202
25 ebd. S. 203-204
26 Erweckung unter den Zulus, S. 83-86
27 ebd. S. 87-88
28 Gott unter den Zulus, S. 51
29 Die Zulu-Bewegung, Alexander Seibel, Stellungnahme zu einige Büchern des Dr. Kurt Koch über die Zulu-Bewegung, 1981, S. 10
30 Gott unter den Zulus, S. 96-99
31 Erweckung unter den Zulus, S. 81
32 Eine Ehe zerbricht an Kwasizabantu, Johannes Trauernicht, H. Trauernicht, Martin Frische, Pretoria, 6.6.1987
33 ebd.
34 Erlo Stegen antwortet Alexander Seibel, Verteilschrift, Ansprache von E. Stegen an rußlanddeutsche Christen, die 1981 in Kwasizabantu waren.
35 Aus einem Brief von Erwin Redinger vom 01.02.2000 an einen KSBler, von ihm weitergeleitet am 15.04.2000 an den Verfasser
36 Brief von Erwin Redinger, zitiert in einer öffentlichen Erlärung eines ehemaligen KSBlers vom 10.02.2000
37 Im Paradies, Dr. Kurt E. Koch, Brunnen Verlag, Basel, 1992, S. 67
38 ebd. S. 39-40
39 ebd. S. 40
40 ebd. S. 44
41 ebd. S. 68
42 ebd. S. 45-52
43 ebd. S. 53
44 ebd. S. 57
45 ebd. S. 60
46 ebd. S. 63
47 ebd. S. 62
48 ebd. S. 64
49 Die Zulu-Bewegung, S. 2

50 Im Paradies, S. 58

51 ebd. S. 119-120

52 Die Zulu-Bewegung, S. 15

53 Die Vorstellungsschrift der KSB enthält kein Datum, Veröffentlichung vermutlich Anfang 2000

54 Brief vom 07.01.1883 an die Mitglieder des Brüderrates vom Evangelischen Brüderverein. Der Brief wurde von 14 Geschwistern unterschrieben und mit dem Zusatz vermerkt: "Es beten und seufzen noch viele außer uns."

55 "Der andere, klarere, reinere Weg Kwasizabantus", Brief von Hans Koller an die Leitung der deutschen Mission Kwasizabantu, Kaltbrunn, den 27.01.1999, veröffentlicht 2000 im Internet unter www.kwasizabantu.de (neu: ex-ksb)

56 Rundbrief Nr. 128 für den Freundeskreis der Bibel- und Schriftenmission Dr. Kurt E. Koch e.V., Okt. 1997

57 Auswirkungen der Mission Kwasizabantu bei ihren Anhängern in Deutschland, herausgegeben von Friedemann Bottesch, 75334 Straubenhardt, Neufassung von 1998

58 ebd. S. 5

59 ebd. S. 6+9

60 Die Mission Kwasizabantu, Friedemann Bottesch

61 Dr. Colin Peckham in einem veröffentlichten Brief vom 19.2.99 an seine Schwester Mollie Engelbrecht

62 Auswirkungen der Mission Kwasizabantu bei ihren Anhängern in Deutschland, S. 31

63 idea spectrum 20/00 vom 14.02.2000

64 Auswirkungen der Mission Kwasizabantu, S. 8

65 Fax eines langjährigen KSB-Kenners vom 7.1.2000 aus Pretoria, der Absender möchte ungenannt bleiben

66 idea spektrum 11/2000 vom 15.03.2000, S. 22-23

67 TOPIC Nr. 3/2000, S. 4

68 e-mail vom 04.03.2000 eines ehemaligen KSBlers an den Verfasser, ins Deutsche übersetzt

69 Bericht über Kwasizabantu, Ev. Allianz Südafrika

70 ebd.

71 ebd.

[72] ebd.
[73] ebd.
[74] ebd.
[75] Erlo Stegen antwortet Alexander Seibel, 1981
[76] Die Zulu-Bewegung, S. 1
[77] Die Wegweisung, Juni 1984
[78] Pfäffikon ZH, 11.06.1987, M/ev (Wim Malgo)
[79] Informationen aus www:kwasizabantu.de (neu: ex-ksb)
[80] Colin Peckham in einem Brief an seine Schwester Mollie, eine KSB-Anhängerin, die in Südafrika lebt, Edinbourgh, 19.02.1999, veröffentlicht von Peckham
[81] Mulden, Kwazulu/Natal, 05.01.2000, Prof. Koos van Rooy, Greg Damron, Somerset Morkel
[82] Trevor Dahl, Muden, Kwazulu/Natal, 19.02.2000
[83] Südafrika, 19.02.2000, www.kwasizabantu.com
[84] "Bericht über Kwasizabantu (Südafrika) von einem Gremium christlicher Leiter an die christliche Gemeinschaft", Rev. Moss Nthla, Pietermaritzburg, 23.06.2000, im Auftrag von 14 Gremiumsmitgliedern, ins Deutsche übersetzt
[85] "Meine persönliche Erfahrung mit der Mission Kwasizabantu", 15.04.2000, e-mail an den Verfasser
[86] Vortragstour von Erlo Stegen im Herbst 1998, aus den Notizen des Verfassers

dlv

Sachbuch

Rainer Wagner

Alle in einem Boot

Ökumene – und der Preis der Einheit

Taschenbuch, 192 Seiten, DM 6,80

ISBN 3-89397-455-5

Einheit unter allen Christen und Einheit aller Religionen ist das große Ziel der Ökumenischen Bewegung, die viele Christen geprägt und die meisten Kirchen erfasst hat. Selbst einige führende Evangelikale sympathisieren mittlerweile mit dieser einflussreichen Bewegung.

Rückt der Traum von einer biblischen Einheit in greifbare Nähe? Oder erwartet uns ein antibiblischer Alptraum?

Der Diplom-Religionspädagoge Rainer Wagner untersucht die Entstehung, Geschichte und heutige Situation der Ökumene. Er macht klar, welche Bedeutung sie hat, welche Ideologien und welche Menschen dahinter stehen und wohin der eingeschlagene Weg letzten Endes führt.

clv

Bücher zum
Thema Katholizismus

Sachbücher

James G. McCarthy
Das Evangelium nach Rom
Eine Gegenüberstellung der katholischen Lehre
und der Heiligen Schrift
Hardcover, 444 S., DM 39,80
ISBN 3-89397-366-4
Ist das Evangelium der röm.-kath. Kirche ein anderes als das der Bibel? Anhand des "Katechismus der Katholischen Kirche" und dem Wort Gottes zeigt der Autor grundlegende und bis ins Gegenteil verkehrte Unterschiede auf.

Dave Hunt
Die Frau und das Tier
Geschichte, Gegenwart und Zukunft der römischen Kirche
Paperback, 544 S., DM 24,80
ISBN 3-89397-244-7
Jahrhunderte der Inquistion, haarsträubende Unmoral, unbiblische Lehren usw. bieten eine Fülle an Beweismaterial, mit dem der Autor die Frau auf dem Tier aus Offbarung 17 identifiziert.

Peter Meisenberg, geboren 1948. Studium der Geschichte, Philosophie und Germanistik. Lebt als freier Autor in Köln. Bei Emons erschienen: »Geh mal zur Seite, Kleiner«, »Freitags kommt der Klüttenmann«, »Händelstraßen-Blues«; die Köln Krimis »Schmahl«, »Haie« und »Leidenschaft«; in der Reihe »Kommissar Löhr« »Schwarze Kassen«, »Löhr und das OB-Patt«, »Pappnasen«, »Müllgeld« und »Toskana Kölsch« sowie der Kinderkrimi »Der Fluch des Trajan«.